基金投资者养成笔记

最美的66位投资者来信

NOTES ON THE CULTIVATION OF FUND INVESTORS

王小刚◎主编

本书汇集华商基金持有人大量优质、专业、真实、真诚的投稿,稿件内容均为投资者自身的基金投资感悟、基金理念总结,并记录一批优秀基金经理的投资智慧、经验总结、资管笔记、研究心得。通过基金理财,这些投资者实现了财富增值,提高了生活质量,使自己的家庭生活越来越"美"。本书是一本汇聚基金持有人和投研团队投资智慧和真实感悟的书籍,能够帮助基金投资者在不断变化的投资市场中保持长期理性的判断和决策,真正享受基金理财的乐趣与成就感,达到家庭财务配置的"最美"目标。

本书适合金融专业知识基础较为薄弱的一般投资者阅读。

图书在版编目(CIP)数据

基金投资者养成笔记:最美的66位投资者来信/王小刚主编.—北京:机械工业出版社,2021.2

ISBN 978-7-111-67433-7

Ⅰ.①基… Ⅱ.①王… Ⅲ.①基金-投资 Ⅳ.①F830.59

中国版本图书馆CIP数据核字(2021)第016793号

机械工业出版社(北京市西城区百万庄大街22号 邮政编码100037)
策划编辑:王 涛 责任编辑:王 涛 赵晓晨
责任校对:陈小慧 责任印制:谢朝喜
封面设计:高鹏博
北京宝昌彩色印刷有限公司印刷
2021年2月第1版·第1次印刷
170mm×230mm·13印张·181千字
标准书号:ISBN 978-7-111-67433-7
定价:48.00元

电话服务 网络服务
客服电话:010-88361066 机 工 官 网:www.cmpbook.com
　　　　　010-88379833 机 工 官 博:weibo.com/cmp1952
　　　　　010-68326294 金　书　网:www.golden-book.com
封底无防伪标均为盗版 机工教育服务网:www.cmpedu.com

编委会

出品人

陈牧原　李晓安

主　编

王小刚

副主编

高　敏　王　华　吴林谦

参　编

孙　萱　韩　兵　彭泽坤

序一

基金投资者教育工作永远在路上

2020年,是公募基金行业发展的第23个年头。20余年来,本行业自成立之初始终坚持立法先行、规范有序的发展之路,从无到有、从小到大,秉持信托精神,不断改革发展创新,充分借鉴国际最佳实践,开展专业、规范的运作,推动投资者理财观念的转变,成为信托关系落实充分、投资者权益保护彻底、产品运作透明的资产管理行业。

截至2020年二季度末,国内公募基金管理机构143家,公募基金产品数量7197只,资产管理规模实现了从1998年初的40亿元到16.90万亿元的大跨越。截至2020年6月,偏股型基金年化收益率平均为15.78%,超过同期上证综指平均涨幅10.09%,债券型基金年化收益率平均为6.89%,体现出较为显著的长期财富积累效应。

但随着公募基金逐渐成为主要的家庭理财金融工具,很多投资者的投资回报并不如意,其中原因有个人投资者的金融和投资知识普遍不足,对长期投资理念的认知度不够,投资行为缺少理性,申赎较为频繁,存在一定程度的追涨杀跌行为,难以实现个人资产的有效配置。2018年度基金个人投资者投资情况调查问卷分析结果显示,自投资基金以来有盈利的投资者占比为41.20%,有亏损的投资者占比为25.10%;而我国个人投资者持有基金的平均时间不超过1年、3年的占比高达47.90%和80.40%,申赎的主要影响因素是基金的短期业绩表现。

为使社会大众获得长期良好的投资收益,真正分享我国实体经济发展红利,基金管理人在通过专业运作为客户提供投资服务、理财规划的同时,也肩负着培养客户理性投资意识的重要使命。开展投资者教育工作有助于引导投资者逐步树立正确的投资观念，帮助投资者学习如何科学投资，包括培养耐心、长期持有理念及分散投资策略等。当投资者形成正确的投资观念和良好的投资心态，一方面有助于个人资产的长期保值增值，另一方面也能为基金行业提供稳定的长期资金来源，正向促进基金管理人秉持长期投资理念，站在更为宏观的角度做资产配置的策略性安排，实现长期资金与长期资产的匹配，进而提升市场投融资效率，推动完善资本市场建设，助力实体经济稳步发展。

近年来，随着资本市场和投资者结构的变化，公募基金行业积极探索开展丰富多彩的投资者教育活动，通过向投资者普及政策法规、市场环境、风险等投资知识，引导投资者认识到投资涉及多领域、多学科，是具有专业度和复杂度的工作，提高其对专业资产管理机构的信赖，并推广长期投资、分散投资等科学的投资理念。据统计，2019年基金管理公司累计举办投资者教育专项活动13 000余次，活动受众人数逾6600万人次，投资者教育工作规模和影响范围逐年持续提升。

此次，本书的出版是行业开展多样化投资者教育活动的又一项有益探索。本书收录了数十位优质、专业、真实、真诚的基金持有人投稿，从中能够体味发生在他们身上的"最美"感受，获得很好的代入感和共鸣感。同时，本书还融入了华商基金投研团队的投资笔记，以期帮助广大基金投资者在不断变化的投资市场中保持长期理性的判断和决策，真正享受基金投资的"最美"乐趣。

未来，公募基金行业将继续恪守投资者利益优先原则，持续强化专业投资管理能力，不断开拓创新，丰富产品体系，以更好的姿态、更专业的水平服务大众理财需求；同时，一如既往地积极探索形式多样的投资者教育形式，引导投资者树立正确的理财观念，为投资者实现资产保值增值和"最美"生活不懈努力。

郑富仕
中国证券投资基金业协会副会长

本文数据均来自中国证券投资基金业协会。以上观点不代表投资建议，市场有风险，基金投资需谨慎。

序二

坚守"受人之托"初心 共谱公募华章

1998年,肩负"普惠金融、服务实体经济"伟大使命的中国公募基金悄然崛起,成为资本市场十分重要和专业的机构投资者之一,成为社会公众分享资本市场成长红利、实现财富长期保值增值的重要方式,成为支持金融改革开放、服务养老金第三支柱、引导中长期资金进入资本市场、促进资本市场平稳健康发展的坚实力量。

经过整整15个四季轮回的华商基金,则不断拓展着主动管理领域的"疆界",在权益类投资、固定收益类投资、研究发展、风险控制、产品服务等多项专业领域深入耕耘,获得了不俗的成绩和口碑,荣获了金牛奖、金基金奖、明星基金奖等业内权威荣誉百余项。

应当说,公募基金这块"金色标牌"的背后,映衬着我们所有公募同仁多年来的不懈努力。我们坚持持有人利益优先,坚持对基金行业的质朴理解。我们不投机取巧,更不哗众取宠,不浮躁,也不激进,恪尽职守,勤奋专注。这是公募基金行业能人辈出、业绩持续的秘诀所在,更是我们每每经历考验却总能谱写华章的关键所在。我为自己有幸成为公募基金行业的一员感到骄傲,我为自己能为资产管理事业气势磅礴的发展历程付出自己的努力而感到自豪!

2020年,是公募基金发展新的起始点,也是华商基金成立15周年,"受人之托,忠人之事"的基金公司也将继续保持初心,开拓创新,求真务实,全面提升资产管理能力和服务体验,促进"获得持有人信任"成为更加良性的循环。

序 二

我们希望公募基金企业真正成为中国资产管理行业具有竞争力和领先地位的优秀企业，成为中国乃至世界资本市场有重要影响力的机构投资者。我们希望更多有能力的青年人，能够为基金行业的发展、为资产管理事业的进步继续努力。

华商基金愿继续与您共同成长，不负韶华！

陈牧原

华商基金管理有限公司董事长

本文所提金牛奖为中国证券报评选、金基金奖为上海证券报评选、明星基金奖为证券时报评选。以上观点不代表投资建议，市场有风险，基金投资需谨慎。

目录

CONTENTS

序一　基金投资者教育工作永远在路上

序二　坚守"受人之托"初心　共谱公募华章

上篇　普通投资者来信

第一章　起征·雄"基"一声天下白 / 3

从零开始的投资体验 / 3

投"基"历程二三事 / 6

我与基金的故事 / 10

"好饭"从来不怕晚 / 12

基金理财要想专业不容易 / 16

当足球迷遇见基金 / 19

从感性到理性，我的投资探索之路 / 22

孩子财商教育的启蒙 / 26

活到老，学到老——浅谈我的理财"敲门砖" / 28

刚进入社会的我为什么要选择定投 / 31

第二章　成长·吾家有女初长成 / 34

我家的养"基"故事 / 34

我与基金的"酸甜苦辣" / 37

做一个长期的基金投资者 / 40

不能被一次困难吓倒 / 42

让我们投资做伴　共赴一场春江春山春云的约会 / 44

我希望用基金投资为家庭撑起一把"安全伞" / 47

妈妈的理财经：认准"低调的投资高手" / 51

适合自己的，才是最好的 / 53

论理财：妈妈也可以是"超人" / 56

我用钓鱼的方式为家庭养"基" / 59

投资需要终生学习 / 62

第三章　坚持·任尔东西南北风 / 66

我相信A股明天更美好 / 66

我与基金10年间 / 69

投资"四重奏"——我的15年投资路 / 72

因为坚持，我看淡所谓的"历史" / 74

很久以后，我终于成了一只特立独行的"羊" / 78

20年见证者的自述：品一勺岁月轮换的味道 / 82

"基"场12年启示录 / 85

一名家庭主妇的基金投资进化史 / 89

爸爸的理财梦：想成为"股神"的老顽童 / 92

12年基金投资路，我想对你说 / 94

遵守投资"纪律"很重要 / 98

第四章　定投·步步为营步步赢 / 101

"金字塔式"定投 / 101

理财的目标就是让自己和家庭始终有钱花 / 103

手动定投　规划养老 / 106

为了孩子，要节流更要开源 / 109

坚持，才可能迎来胜利 / 111

我对定投的一点心得 / 114

相信明天　坚持定投 / 116

定投既适用于投资　也能美好生活 / 120

与其抄底接"飞刀"　不如定投更安心 / 122

定投周期选月还是选周 / 125

基金定投的 3 种主流策略 / 127

第五章　财策·人间巧艺夺天工 / 131

静心投资　远离噪声 / 131

"鸡蛋"和"篮子"的配置哲学 / 133

我的低成本投"基"攻略 / 136

原来基金组合也会失灵 / 139

亏损后的"心灵按摩" / 142

债基好买手 / 145

独立思考妙招之钻研季报 / 149

基金减压"转"字诀 / 153

新旧基金选择之我见 / 157

星级评价越来越靠谱了 / 160

下篇　基金经理来信

第六章　对话·术业专攻可闻道 / 165

如何获得超额收益 / 165

追求绝对收益　保持长线投资耐心 / 167

研究创造价值　坚持自上而下选股 / 169

量化基金适合长期定投 / 170

做投资不要过于被宏观预判所左右 / 172

携手优质公司　做时间的朋友 / 174

不预测市场　寻找景气度向上行业 / 175

但无稍停行渐前 / 177

"千人千面"中寻"价值"模样 / 179

成长是最好的"护城河" / 180

追求最优的满意化投资者 / 182

基金管理知易行难　唯知行合一 / 183

智慧拥抱"头部"公司 / 185

附录 / 187

附录 A　中国公募基金行业：忠诚与信任的财富沃土 / 187

附录 B　华商基金：15 载风雨同舟　为信任绽露芬芳 / 190

后记　与广大持有人共同成长 / 192

上 篇
普通投资者来信

第一章
起征·雄"基"一声天下白

从零开始的投资体验

（江苏　汤女士）

我想和大家分享一下我的投资故事。

一开始我对基金一无所知，只对股票略有所闻，诸如"入市有风险，投资需谨慎""新手入市肯定要交学费"等投资"箴言"不绝于耳，使我迟迟不敢入市。但是看到别人都从投资中获益颇丰，自己却只能旁观，心理上日渐不能平衡，于是我就开始考虑投资了。

我是学会计出身的，所以知道风险与收益成正比。由于我属于相对保守的投资者，所以在想究竟有没有一种投资风险比股票小，而收益却能满足我日常投资需求的投资品种呢？经过咨询和比对，我选择了基金投资。

通过资料我了解到，基金投资是一种间接的证券投资方式。基金管理公司通过发行基金份额集中投资者的资金，由基金托管人（例如具有资格的银行）托管，由基金管理人管理和运用资金从事股票、债券等金融投资，尽可能控制投资风险、获得投资收益。

用老百姓的话说就是，你不懂股票不要紧，你可以出钱让专业人士帮你投资。我认为，投资不是投机，而是一个长期的过程，所以我选择了基金定投。每月投资，总体来看收益也不差。在复杂震荡的市场形势中，基金定投既可以平摊投资成本，也可以分散投资风险。

接下来就是选择信誉口碑比较好的基金公司了，毕竟是自己辛苦挣来的钱，还是选择大牌稳妥的公司比较保险。我个人选择基金公司主要从专业化强、实战经验丰富、规模适中 3 个角度进行观察。

从 2007 年到现在，基金投资没有让我失望，我的收益始终在平稳中增长，今后还会继续每月定投。因为专业，值得信赖！陪伴是最长情的告白，感谢公募基金的一直相伴！

分析者言

如何选择基金公司，是基金投资圈中永远为之乐道的话题。在这里分享两种方法，前者更为简单易行，适合基金投资新人快速入手；后者更适用于了解基金、善于思考的资深投资者。

借助权威第三方评级评价机构披露数据

一些权威第三方评价机构会定期公开发布有关基金公司的评级信息，如银河证券会发布基金公司股票投资主动管理能力长期评价信息（图 1-1），海通证券会发布基金公司股票投资及固定收益投资星级评价信息（图 1-2），天相投顾会发布基金公司综合评级信息（图 1-3）。

关闭　　基金管理人股票投资主动管理能力长期评价榜单（指数法）

月末数据截止日期 2020-12-3　展示基金管理人数量 全部　查询

本表公开评价数据与非公开评价数据的区分：
本表的数据从过去一年开始，一直到过去二十年，符合单一指标排名时间期间不低于一年的规定，属于公开评价数据，可以公开引用。
基金评价机构：中国银河证券基金研究中心
参评基金范围选择：广义评价

序号	时间区间	基金管理人简称	公募管理开始日期	公募管理结束日期	评价开始日期的参评基金数量（只）	评价开始日期前一天的指数点位	评价开始日期前一天管理人旗下基金股票资产金额合计（亿元）	评价截止日期的参评基金数量（只）	评价截止日期指数点位	评价截止日期管理人旗下基金股票资产金额合计（亿元）	股票投资主动管理收益率（%）	年化股票投资主动管理收益率（%）	基金管理人排名
1	过去二十年（200[illegible]--2020.12.31）			--	2	3149.8155	69.6825	42	55282.1585	769.2756	1655.0920%	15.4024%	1/10
2	过去二十年（2001.1.1--2020.12.31）			--	3	2404.4772	62.8917	35	41157.6074	809.6165	1611.7071%	15.2581%	2/10
3	过去二十年（2001.1.1--2020.12.31）			--	1	1526.1609	22.7220	45	23013.2046	840.7597	1407.9147%	14.5299%	3/10
4	过去二十年（2001.1.1--2020.12.31）			--	3	2235.4946	66.8620	31	29707.9015	402.9810	1228.9185%	13.8086%	4/10
5	过去二十年（2001.1.1--2020.12.31）			--	2	1369.9778	58.6646	51	17703.9540	1360.7060	1192.2804%	13.6496%	5/10
6	过去二十年（200[illegible]--2020.12.31）			--	3	2661.2547	72.3706	53	33173.8241	1201.4354	1146.5483%	13.4450%	6/10
7	过去二十年（2001.1.1--2020.12.31）			--	2	2284.3209	61.8916	41	27022.5705	871.3677	1082.9586%	13.1484%	7/10

共 1195 条　100条/页　‹ 1 2 3 4 5 6 … 12 ›　前往 1 页

图 1-1　基金公司股票投资主动管理能力长期评价信息（截图）

注：数据来源于银河证券。

公募公司评级　公募基金评级　公募基金风险等级　基金工具属性评级　私募公司评级　私募基金评级　私募经理评级　评级日期 2020-10-30　导出

股票投资　固定收益　评级规则

管理人	最新星级	评级变动	基金规模（亿）	运作满一年基金个数	最近一年收益（%）	最近一年排名	最近两年收益（%）	最近两年排名	最近三年收益（%）	最近三年排名
	★★★★★		192.3408	19	44.93	54 / 100	92.93	47 / 100	64.08	24 / 100
	★★★★★		355.898	55	48.65	40 / 100	108.71	19 / 100	69.00	17 / 100
	★★★★★		1403.9393	71	60.85	8 / 100	118.36	9 / 100	72.01	15 / 100
	★★★★★		722.9383	65	61.59	7 / 100	123.25	6 / 100	72.10	14 / 100
	★★★★★	★☆☆☆☆↑	89.2054	28	59.44	10 / 100	109.64	15 / 100	75.09	10 / 100
	★★★★★		1078.344	41	51.25	29 / 100	112.82	14 / 100	87.91	4 / 100
	★★★★★	★☆☆☆☆↑	67.6714	21	58.45	12 / 100	90.39	49 / 100	61.06	30 / 100
	★★★★★		178.2284	16	66.61	3 / 100	157.68	1 / 100	93.66	3 / 100
	★★★★★		229.0314	27	69.28	2 / 100	125.75	5 / 100	74.06	11 / 100
	★★★★★	★☆☆☆☆↑	145.0786	22	54.09	23 / 100	107.15	24 / 100	68.30	18 / 100

个数 100　首页　〈上一页　第1页/共10页　下一页〉　尾页　跳转

图 1-2　基金公司股票投资及固定收益投资星级评价信息（截图）

注：数据来源于海通证券。

基金管理公司综合评级　数据截至日期：2020-09-30　查询

基金管理公司	基本实力得分	投资管理能力得分	稳定性得分	总分	排名	综合评级
	91	104	101	99.8	1	AAAAA
	106	100	72	99	2	AAAAA
	96	103	64	97	3	AAAAA
	95	101	33	92.4	4	AAAAA
	97	96	48	91.5	5	AAAAA
	61	105	96	90.9	6	AAAAA
	101	81	102	89.1	7	AAAAA
	83	90	99	88.8	8	AAAAA
	109	82	68	88.7	9	AAAAA
	81	98	46	87.7	10	AAAAA

当前是第[1]页 首页 下一页 尾页 共[11]页 跳到第　页 GO

图 1-3　基金公司综合评级信息（截图）

注，数据来源丁天相投顾。

此外，中国证券报、上海证券报、证券时报每年都会评选有关基金公司的权威奖项，比如“金牛基金管理公司奖”“持续回报明星基金公司奖”“金基金 · TOP 公司奖”等。

以上所述的这些基金评级评价机构均具备基金评级评价资质，评价结果具备专业性和参考性，投资者可登录这些评级评价机构的官网、App、微信公众号查询和参考。

国际间经典的"4P"标准观察法

"4P"标准观察法，简单说就是观察一家基金公司是否有成熟的投资理念、专业稳定的投资团队、科学严谨的投资流程和持续良好的投资业绩。

我们需要到基金公司官网、基金招募说明书、第三方评价机构、权威媒体等多处综合获取和分析这些数据信息，这对于投资者的数据信息收集、整合、分析能力会有一些挑战，感兴趣的投资者不妨尝试。

风险提示

基金定期定额投资并不等同于零存整取等储蓄方式，定期定额投资并不能规避基金投资所固有的风险，不能保证投资人获得收益，也不是替代储蓄的等效理财方式。

以上观点不代表任何投资建议，市场有风险，基金投资需谨慎。

投"基"历程二三事

（北京　韩先生）

我是一名来自北京的政法干警，自身工作的性质让我深刻懂得严谨做事的重要性。因此，我也对新生事物保持着相对保守克制的态度。

十几年前，投资对于我们这样的普通工薪族而言确实是一个崭新事物。虽然身边的很多朋友因为各种各样的投资方式收益颇丰，但我还是觉得投资这件事不太靠谱，认为只靠工资也够养活自己和家人了。

初见无感——略显遗憾的擦肩而过

2005年,基金这个词第一次出现在我的视野中。记得那是一个晴朗的周末,我和妻子正在小区门口的道路上散步,突然街边银行的喧嚣吸引了我们的目光。

一位银行职员正在向一对好奇的夫妻介绍基金知识,他见到我和妻子也停下脚步,便兴致勃勃地给我们递上了一份新基金广告。说实话,我很讨厌小广告,但是这位银行职员的热情和真诚使我不好意思拒绝。就这样,我拿过这份广告和妻子一起看了起来。

这就是我与基金的第一次邂逅,可能是机缘未到,我和妻子一致认为我们有些力所不能及,因此也就托故拒绝了这位银行职员想要进一步介绍的好意。但是半年之后,我在一个电视台的金融节目中无意间瞥见了那只基金的名字,发现那只基金已经上涨了好多倍,那是我第一次感受到错过的滋味。

再见倾心——亲身经历的购基热潮

在错失那次投资之后,我开始注意基金投资这种理财方式。心里没底的我,一直默默地关注着市场行情。直到这个时候,我才理解邻居天天拿着保温杯和小马扎去股市盯盘的心情,紧张而又跃跃欲试。可能那段时间我对投资的痴迷也写在了脸上,一位和我相熟的同事看出了我的心事,给我推荐了一只当时涨势比较好的基金。就这样,我正式加入了基金投资的队伍。

许多年以后,每每经过小区门口的银行,我依然能想起我和妻子前去投资基金的那个下午,银行柜台前密密麻麻全都是要投资基金的人,我费了九牛二虎之力才挤进去开始交易。那个时候的手续便捷性无法和现在相提并论,仅输入银行密码就需要将近20分钟,但我们依然热情和耐心地等待着。

事实证明,我和妻子的选择是对的,在接下来的一段时间,那只基金果然迎来了幅度不小的上涨,基金持有的几大重仓股全部飘红,我们第一次感受到投资带来的喜悦。

历经波折——不断深化的投资意识

在随后的两年间，我的家人开始涉足股票市场，我也跟着入市了。不知不觉中，短线操作思维慢慢开始影响我的投资思路，我对基金和股票的区别也逐渐模糊。这样的认识现在来看当然是不正确的，可是在2007年股市大幅度调整的时候，我心里着实有点慌张，将之前投资的基金一口气全部赎回来了，所以也就没赶上后来的基金反弹。望着空空荡荡的基金仓位，我的心里空落落的，一时间后悔、郁闷、难过都涌上心头，心想着以后决不能再犯这样的错误。

我开始购买并阅读基金相关的报纸、书籍，并在读报、读书之余摘抄一些重要的语句和观点，遇到疑问时还会求助于网络。就这样，我学会了很多投资方法，并将它们付诸实践。比如，坚持价值投资、长期投资的理念。我在初次购买基金的时候忽略了这一点，因此也未能获得理想收益。

说到这里，也感谢时代的发展和经济的腾飞，能让我有机会弥补自己的投资失误。2008年，我又开始慢慢恢复了基金投资，这一次我决定换个心态养"基"。那两年的学习没有白费，对于风险防范也有了更深一步的认识。多年投资过程中造就的平常心使我逐渐归于平静，而学习基金知识更成为我走向投资成功之路的"制胜法宝"。

除了长期投资，我还发现分散投资可以极大限度地降低风险。于是，我开始从银行的基金介绍折页入手，研究和购买不同公司、不同种类的基金，像偏股型基金、货币型基金等品种我都尝试过，投资收益拔群。

回首漫漫养"基"路，有过挫折，有过迷惘，但不变的是我对投资基金的这份赤诚和信念。我也相信，在优秀基金公司的管理下，我的资产将会继续实现增值，我和我的家人将迎来更美好的明天！

分析者言

当看到韩先生因为保守或拘谨的缘故错过一只绩优基金，我们都不免为之惋惜。在投资圈打滚多年的投资者深知,想要在牛熊变换、震荡起伏的资本市场中获得较好的超额收益其实并不容易。

Datastream 有一组数据(表 1-1),投资摩根士丹利综合亚洲指数(美元)10 000 美元,投资期限为 10 年(1998 年 11 月 1 日—2008 年 10 月 31 日),如果你在 10 年期间一直持有不变,你的投资收益将超过 15 156 美元;但如果你错过 20 个表现最佳的交易日,投资收益降至 5 807.27 美元;若你错过 40 个表现最佳的交易日,投资收益仅为 3 221.70 美元。

表 1-1　错过重要投资日收益情况　　　　　（单位:美元）

市场	10 年持续投资收益	错过 20 个最佳交易日后收益	错过 40 个最佳交易日后收益
亚洲(日本除外)	15 156.83	5 807.27	3 221.70

注:1. 数据来源于 Datastream。
　　2. 投资区间:10 年(1998 年 11 月 1 日—2008 年 10 月 31 日)。
　　3. 投资标的:摩根士丹利综合亚洲指数(美元)。

如何才能不错过?其实数据已经给了我们明确的答案,那就是一直留在市场中,保持长期持有的状态,不要急功近利地频繁买卖。如此,我们不仅不会错过每一个重要投资时点,而且因市场下跌造成的短期亏损也有可能被长期投资逐步修复。

风险提示

投资者购买货币市场基金并不等于将资金作为存款存放在银行或者类似金融机构,基金管理人不保证基金一定盈利,也不保证最低收益。

以上观点不代表任何投资建议,市场有风险,基金投资需谨慎。

我与基金的故事

（河北　张女士）

我是在 2007 年开始投资基金的。

刚开始我对基金并不了解，买基金的想法还是源自我的妈妈。那年，妈妈刚退休，在家没事便关注股票，还买了一些基金。她给我推荐了几只基金，跟我说："买点基金吧，肯定比银行利息高。"我当时工作忙，没有太多的时间研究基金，仅关注了几只新发行的基金，最后选定了一家新成立基金公司的产品。我当时想，"新成立的基金公司＋旗下第一只基金产品"或许是个好兆头，于是买入这家公司 1 万元基金份额。

这只基金真的没有让我失望，比妈妈给我推荐的几只基金涨得还好，期间我还分过几次红。后来因为股市大盘回落，很多基金开始下跌，我持有的这只基金涨到 1 元 6 角多的时候开始出现回落。当时，我心想要多给这只基金一些时间，坚持不动，肯定还会涨上去的。果然在 2013 年的时候，大盘开始回升，很多基金开始上涨，当然我持有的这只基金也不例外。

直到 2015 年，我持有的这只基金一直保持上涨姿态。当基金净值涨到 2 元 6 角时，我把本金取了出来，还剩下 7000 多元份额。取完本金几个月后，大盘开始回落，我的基金也出现下跌，我就又拿出 1 万元进行补仓。后来这段时间，这只基金一直在上涨中。

最近，这家基金公司又发行了一只新基金。基于对这家基金公司的良好印象和足够信任，我拿出 1 万元购买了这只新基金，虽然目前还没有涨上去，但我充满了信心。

感谢基金公司，是基金让我对投资充满希望，我会永远支持。

分析者言

对于人生的第一只基金,相信大家都难以忘怀。很多人在尝试投资基金之初,其实并没有做太多的考量和打算,仅凭着"眼缘"或者零星几句建议便按下了购买键。有人通过买基金认可了基金投资,有人通过买基金尝到了财富增值的甜头,有人甚至通过买基金成为这家基金公司的忠实"粉丝",当然也有人通过买基金深刻认识了市场风险和牛熊波动而变得更加谨慎。

人生第一笔基金投资的缘分,妙不可言。至于人生的第一只基金应该怎么选,我们的建议见表1-2。

表1-2 人生第一只基金的选择方法

投资者类型	投资合理性分析	基金产品导向
从未涉及投资、投资理财知识经验基本为零的新手	安全至上,长期较低的业绩波动能给新手足够的时间思考、理解和接受基金投资	可选择低风险、追求稳定回报及高流动性的货币基金
有一定炒股经验的投资者	对证券市场波动风险有一定认识和承受能力,想获知专业投资者与散户在炒股方面的投资区别和业绩验证	可选择主动型股票基金、量化策略型股票基金
主投银行理财、信托保险的投资者	其资产组合有足够的固收类资产,但缺乏较高进攻性的权益类资产,可尝试配置一定比例	可适当配置一定比例的灵活配置型混合基金,或可选参与股票投资的二级债基、具备股性的可转债基金等
有丰富的股票、期货等高频交易经验的投资者	有一定择时择券经验,内心抗压能力较强,偏好波段操作、愿意尝试各类投资工具	可选择指数基金、主题基金ETF、分级基金

风险提示

投资者购买货币市场基金并不等于将资金作为存款存放在银行或者类似金融机构,基金管理人不保证基金一定盈利,也不保证最低收益。

以上观点不代表任何投资建议,市场有风险,基金投资需谨慎。

"好饭"从来不怕晚

（湖北　彭先生）

说起与基金的缘分，还得追溯至 2007 年 5 月的某天。我正坐在 26 路公交车上，听到身后两个学生模样的小伙子在聊天："我妈在银行买了不少'鸡精'""确实，现在老太太都买这个……"

"'鸡精'是什么？调料还能在银行买吗？"怀着这个疑问我专门上网查了查，哦，原来"鸡精"是一种理财产品啊！

那时正值牛市，基金业绩相当不错，吸引力极高，且投资门槛比动辄数万元的其他理财产品低得多，适合我这种有点闲钱的人。于是我直奔银行买基金，然而银行在周末是不卖基金的，败兴而归。但工作日我只能趁午休间隙去附近银行网点，孰料银行门口排着长队，买基金的人真多！唉，还是回去继续上班吧！这次买基金宣告失败。

第一次亲密接触

真正意义上买到基金是在 2009 年。当时，我正在网银上操作几笔业务，看到有"基金超市"标识的栏目便顺手点击进去一看："哇，原来网银也可以买基金啊！"初次的购买体验伴随着些许小激动，我竟然在风险测试页面停留了 20 分钟，结果显示我为"稳健型投资者"。

话说银行网银平台卖的基金可真不少，基金名称更是让人眼花缭乱，诸如"价值精选""优选成长""阿尔法红利""沪深 300 增强"等。不知不觉，时间在反复点击页面、检索信息中过去了将近 2 个小时。意犹未尽，最后我在 80 多只基金产品中选择了"业绩排名均优 + 网站重点推荐 + 名字相对朴素"的 2 只，下单成功。

在接下来的几个月内，我陆续收到了申购成功短信、基金确认邮件以及纸质的基金对账单。基金理财，正式开始！

官网买基好体验

随后几年的基金投资行为，我更多的是在基金公司的官网平台上。一来，基金公司官网经常有一些申购费率的优惠和折扣；二来，基金公司官网上查询持有基金的信息（如净值变化、季报信息、产品投策等）更加全面和快捷；三来，基金公司官网上一般都有成体系的投资者教育内容，有助于基金投资行为的快速成熟，而且实时在线的客服也能随时解答疑问和困惑。

我的基金购买体验持续提升。

随时随地买基金

2013年以后，我的买基生涯步入3.0时代，基金申赎、转换等基本都在手机App和微信公众号上操作。

手机办理最大的优点就是可以随时随地自由操作，彻底摆脱了电脑、办公室、居家的束缚，且操作非常简便。比如，在微信号上买基金，可以直接在对话框中输入"购买XX混合基金2000元"指令，也可以输入语音"给我买入2000元XX混合基金"，一次基金申购就这样完成了！手机App更像一个可移动的基金网站，基金净值、基金账单、资讯查询、基金申赎、基金定投、基金转换等均可快速获取和进行。

自从有了App和微信号，我的基金交易行为越来越频繁。这是因为我购入不少货币基金开启了现金管理，平时有闲钱的时候能获得一定的投资收益，如果突发转账、还款、消费等即时需求需要现金，我只需在App客户端点击"货币基金快速赎回"，不到1分钟钱就会打到我的银行卡上（温馨提示，货币基金每日快速赎回只有1万元的额度，如果有大额资金需求，建议提前选择普通赎回）。

不是一个人在战斗

谁说基金理财就一定是寂寞和孤独的呢？

目前,我的基金投资早已经转移到电商平台上。电商平台不仅具备全面的基金投资交易功能,而且有相当多的基金"粉丝",有像我这样的普通持有人,有资深的专业投资者,有第三方的理财专家,还有基金经理。大家在平台上就基金投资、证券市场畅所欲言,分享理财经验和教训,沟通投资知识和技巧。

基金路上,志同道合,取长补短,且行且快乐。

分析者言

从 1998 年成立至今,中国公募基金行业发展已超过 20 年,成为大众主要的理财渠道,成为广大普通投资者有效分享我国经济快速发展成果的重要途径。与此同时,基金持有人的投资体验和幸福感持续提升。

依据中国证券投资基金业协会《基金个人投资者投资情况调查问卷(2018 年度)》数据分析可知,48.40% 的投资者信赖基金,并将继续以基金投资为主;更多的投资者选择信任基金,认为基金具有优势。

能够看到,"移动"方式已经成为个人投资者主要的基金投资方式。2016 年、2017 年、2018 年个人投资者以手机等移动终端设备投资基金比例分别为 64.80%、68.80%、70.90%,呈现逐年递增之势。2018 年基金个人投资者主要交易方式如图 1-4 所示。

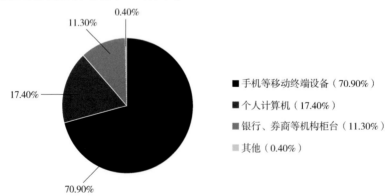

图 1-4　基金个人投资者主要交易方式

注:数据来源于《基金个人投资者投资情况调查问卷(2018 年度)》。

从调查结果中还发现（图1-5），有98.97%的投资者使用过互联网或移动终端购买基金产品，其中有94.56%的投资者认为互联网或移动终端渠道更方便、用户体验好。

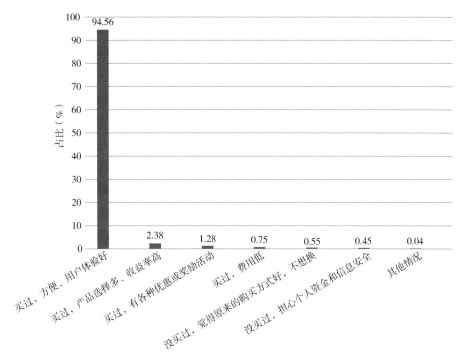

图1-5 通过互联网或移动端购买基金产品情况

注：数据来源于《基金个人投资者投资情况调查问卷（2018年度）》。

风险提示

投资者购买货币市场基金并不等于将资金作为存款存放在银行或者类似金融机构，基金管理人不保证基金一定盈利，也不保证最低收益；货币市场基金T+0快速赎回服务非法定义务，提现有条件，依约可暂停。

基金定期定额投资并不等同于零存整取等储蓄方式，定期定额投资并不能规避基金投资所固有的风险，不能保证投资人获得收益，也不是替代储蓄的等效理财方式。

以上观点不代表任何投资建议，市场有风险，基金投资需谨慎。

基金理财要想专业不容易

（山西　武女士）

我是典型的"学习型人格"，对工作和未知领域总是充满好奇，也愿意花时间学习、了解直到掌握。比如居家装修，从房屋设计、实地拆建、防水地暖走线、家具采购，我都投入大量精力去主导推进；举办商业活动，从前期会场预订、嘉宾邀请、彩排流程到各项开支细节，我都会全程跟踪。虽然辛苦，但能掌握一门技艺、熟知一个领域，我认为是一件挺好的事儿。

基金理财也是如此。记得2006年的时候，在电视上、报纸上、地铁里都能看到"你不理财，财不理你"的广告语，身边人也都或多或少地持有些基金，很有点"不买基金就无法社交"的感觉。都说买基金能够"钱生钱"，我也对它产生了很大的兴趣，开始摸索起来。

向身边买过基金的朋友请教显然是一条捷径，"买收益最好的基金"是我得到的最多的回答，于是我按方抓药，买了一只排名第2的股票基金（排名第1的基金暂停申购了不能买）。持有一段时间后我发现，基金产品其实很难一直保持好的业绩，此前表现优秀的产品随后的表现可能差强人意，而且我持有的基金波动太大，让我难以承受。显然，冲着高收益去投资基金不靠谱。

我也试过跟随"网络贴吧牛人"的意见。然而这些所谓的"牛人"要么让你趁着基金净值便宜抄底，要么宣称通过估值蜡烛线等技术分析建议赎回离场。在"忽悠"的氛围中，钱没挣多少，反倒患上"热衷频繁看净值"的毛病，稍有偏差就琢磨要不要改换门庭。其实，基金涨不涨关键取决于基金管理人的投资能力以及证券市场的表现，与净值是否便宜没有关系；热衷改换门庭的结果是我付出了太多的交易成本（申购费和赎回费）。

痛定思痛，我采购了一堆基金投资者教育书籍，如《基金一本通》《基金入门快解》《一站式基金投资》等，决定系统了解基金这门"专业学问"，改变自己对基金懵懵懂懂的状态。通过系统学习，我知道了基金投资与炒股的区别，知道了"高收益必然伴随高风险""市场有风险""风险要自担"的道理，知道了基金的背后不是一两个人的操作，而是很多专业人士支撑的投研团队共同管理。

为什么不请教基金圈的专业人士呢？毕竟专业的事问专业的人才是正途。于是，我托人联系到一位资深的基金理财顾问。现在我仍清晰地记得这位理财顾问问我的两个问题："你为什么买基金？""你知道你适合什么类型的基金吗？"

原来赚钱并不是我们买基金的真正目的，其实我们每个人都有各种各样的消费需求，长远的有购房、养老、子女教育，短期的有购车、旅游等，投资基金是为了帮助我们更好地实现这些需求和目标。了解真实的理财需求和目标后，这位理财顾问帮我做了财务分析（你能拿出多少钱来投资）与风险测试（你能承受多大的风险），同时帮我明晰了各类基金品种的风险收益情况以及宏观经济通胀等市场情况，最终为我量身设计了基金投资规划（适合我的基金品种、匹配的投资时间跨度等）。他还嘱咐我："证券市场千变万化，基金理财也需要做适时的监控和调整。"他定期和我保持沟通，帮助我有序推进投资规划。

果然术业有专攻，专业的事还得交给专业的人！专业理财顾问提供的专业服务让我的焦虑情绪得到了明显的缓解，使我面对那些短期震荡变化时更加豁达，往后的基金投资也变得专业和从容。

分析者言

近年来，基金投资者的投资行为愈加成熟和谨慎。

据中国证券投资基金业协会《基金个人投资者投资情况调查问卷（2018年度）》数据分析可知（图1-6、图1-7），有近94%的投资者在购买基金时会认真考虑产品风险与风险偏好和风险承受能力相匹配的问题；越来越多的投资者更愿意承担适中的风险和稳健的收益，这一比例超过74%。

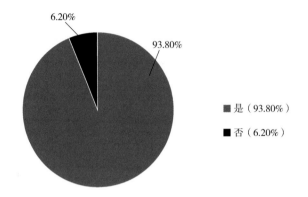

图1-6　基金个人投资者是否考虑投资产品与自身风险态度匹配

注：数据来源于《基金个人投资者投资情况调查问卷（2018年度）》。

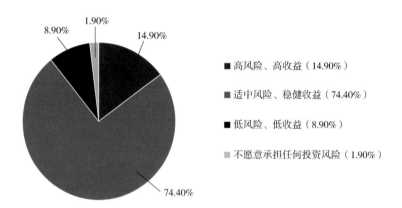

图1-7　基金个人投资者愿意承担的风险

注：数据来源于《基金个人投资者投资情况调查问卷（2018年度）》。

从投资目标角度，投资者的投资目标更加理性和清晰。如图1-8所示，64.50%的基金个人投资者都将"获得比银行存款更高的收益"作为主要投资目的，12.60%和12.40%的投资者投资基金的主要目的是"教育储备"与"养老储备"。

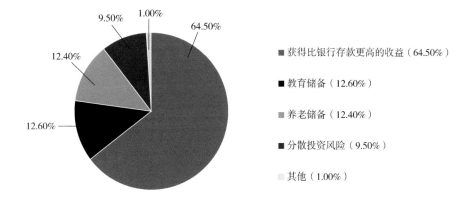

图 1-8 基金个人投资者的主要投资目的

注：数据来源于《基金个人投资者投资情况调查问卷（2018年度）》。

风险提示

以上观点不代表任何投资建议，市场有风险，基金投资需谨慎。

当足球迷遇见基金

（广东 罗先生）

2018年6月毕业季，我告别了4年的大学生活，满怀憧憬地迈入人生的新阶段。本以为就此可以从"大学生"完美转型为独立自主的"城市新青年"，没想到我的第一个身份转换竟然是从"月光族"变成"负翁"。

刚毕业，到手月薪的"骨感"就不说了，花出去的钱却一点也不少。租房要花钱，一日三餐要花钱，看球要花钱，还有交通费、置装费等各种零零碎碎的支出。刚毕业的几个月，我不仅没有如愿开启梦想中的白领生活，连日常开销都入不敷出。就这样，每月到手的工资不够还信用卡，我只能再次把手伸向父母，变成"啃老族"。

2018年年底，我意识到这样下去是不行的。正所谓"凡事预则立，不预则废"，如果不做规划，即使每年涨工资，自己也永远处在温饱的水平线。再则，我每天做一样的工作，也谈不上工作能力的提升，可是又不敢换工作，因为失业一个月就会面临"断粮"的风险。

直到有一天跟一个朋友聊天，我才打开了"财富之门"。我的这个朋友从大学起就在学习理财，到现在已经积攒了自己的"第一桶金"。在他的介绍下，我初步了解了股票、基金、期货等各类投资的特点。他还建议，我作为投资小白，可以选择基金投资作为理财的开始，因为股票波动太大，基金可以分散风险，并且有专业的团队帮忙打理。对于我来说，确实希望由专业的人帮我做专业的事，因为这样更容易获得相对持续的投资回报。

作为资深的足球迷，在对基金投资的了解中，我发现足球和投资基金有很多相似之处。

在基金公司的挑选上，正如每支球队的风格都不相同，基金公司也各有特点。2018年年底，市场上共有100多家基金公司，这些公司中有像德国战车队一样严谨稳健的，有像西班牙队一样追求极致的，也有像荷兰橙色军团一样全攻全守的，打法不一，却各有各的精彩。

在投资前，我通过电商平台分析了各家基金公司的优势、产品特点等，初步选定了一些有一定历史积累和业绩基础的基金公司。

在基金产品的类别选择上，我也经历了"守门员"（宝宝类货币基金）—"后卫"（债券基金）—"前卫"（混合基金）—"前锋"（股票型基金）等不同的组合选择，逐步搭建起自己的投资"球队"。

在一开始的投资中，我先选择了自己的"守门员"。守门员是比赛中的一道防线，可以有效地阻挡对方进球，就像阻挡自己花钱一样，把钱尽量地"截留"下来。因为最开始手上确实没有闲钱，选择货币基金作为自己的"守门员"，利用其灵活方便的特点，工资发下来立即买入货币基金，可以积少成多，形成最初的资本积累。同时，由于在开始阶段我的风险承受能力相对较弱，因此先选择了风险相对较小、表现稳定的宝宝类货币基金。

2019年1月，随着宝宝类货币基金产品的年化收益率越来越低，每万份收益已不足0.60元，我开始思考布局自己的投资"后卫"和"前卫"——债券基金和混合基金。

前卫位于中场，是球队进攻时球队衔接后防组织进攻的基础；后卫则是隐藏在后场的进攻力量，主要任务是防守、抢截和组织对方进攻。这一组合完美配合，可以根据赛况随时调整战略。就像我选择的债券基金和混合基金一样，可以攻守兼备，帮助我实现相对稳健的长期回报。

在投资过程中，我越来越明白"有所舍才会有所得"的道理。2020年年初，在看好我国经济内在向上发展势头不会变的情况下，我将"球队"中的"前锋"（股票型基金）也补充了进来。前锋是球队进攻的第一线，是球场上得分的第一主力。正如股票型基金一样，通过专业管理人士的管理，或许可以帮我获取更好的长期回报。

作为一个足球迷，我深深明白团队作战的重要性。因此，未来我将继续坚持多种基金组合配置的形式，让我的投资"球队"发挥得更好，争取获得长期较好的收益。

在足球比赛中，球员只有无限热爱足球，才会火力全开，给观众带来一场精彩的比赛。投资基金也是这样。在基金投资过程中，我也希望自己可以做一个内心坚定、充满热情、努力不止的投资者。

分析者言

中国基金业协会官网显示，经初步估算，截至2019年年底，中国基金业协会自律管理的资产管理业务总规模约51.97万亿元。公募基金管理机构管理公募基金6544只，份额13.70万亿元，规模约14.80万亿元，同比增加1.70万亿元。其中，封闭式基金增加7039亿元，开放式基金中货币基金减少5008亿元，股票基金增加4748亿元，混合基金增加5289亿元，债券基金增加5032亿元。

公募基金作为大众理财的主要渠道，已经成为金融资产的重要组成部分，为中小投资者开启了一扇分享我国经济快速发展成果的大门。近年来，公募基金回归投资本源的趋势愈发明显。

展望未来，A股市场投资优势有望继续凸显，越来越多的外资和外资机构正快速加大对A股市场的配置力度，投资者信心不断稳固，相信公募基金的长期配置的优势也将继续显现。

风险提示

投资者购买货币市场基金并不等于将资金作为存款存放在银行或者类似金融机构，基金管理人不保证基金一定盈利，也不保证最低收益。

以上观点不代表任何投资建议，市场有风险，基金投资需谨慎。

从感性到理性，我的投资探索之路

（河南　张先生）

从大学时代到现在的不惑之年，我每每重温简·奥斯汀的《理智与情感》，依然能读出不一样的味道。现在细想我的投资探索之路，与这本书颇有相似之处。

我的投资之路前半程，犹如玛丽安一样感性又热烈，被各种情绪所支配，在一路随心所欲的追涨杀跌中"损失惨重"。

我的投资之路后半程，开始向埃莉诺看齐，逐渐冷静和理智，不再计较一时的得失，开始规划和追求长期的收益。

正如有人所说，我们年轻时是玛丽安，成熟后就成了埃莉诺。递增的投资经验，提升了我的理性思考能力。我开始学会克服各种不良的投资情绪，逐渐变得理智。

对我而言，迈向理性投资也是从一本书开始稍有感悟，而且是与投资完全无关的一本书。那是 2016 年的一个秋日午后，我读了苏兹女士写的《10-10-10》。书中提到一种思维方式，就是每当她面临棘手的选择时，会先问自己 3 个问题——做这个决定，10 分钟后会产生什么结果？10 个月以后呢？10 年以后呢？思考后的答案通常会让她做出最理性的决定。

从这本书中，我领悟到要用更长远的维度去思考问题。触类旁通，我开始用《10-10-10》一书中的法则思考我在投资中遇到的问题。对我而言，投资中不应该在意这 10 分钟、10 个月所带来的投资收益，而应该思考如何通过投资为我的资产带来长期的保值增值。拉长战线来看，以长期投资为目标，之前做的很多决定都太过于被一时的情绪而迷惑，太过于不理智。接下来，我要用理性的思考对我的投资进行重新规划，然后按照规划坚定执行。

我先从投资的产品种类开始梳理。由于跟风操作，我当时持有的投资产品有银行理财、股票、基金、P2P，还有一部分黄金。过度的分散操作，加上随心所欲地加仓和减持，当时的投资产品都没有取得预期的收益。

经过反复考量，我保留了银行理财和基金两种投资工具。买银行理财是认为其风险相对比较低，且收益比较稳健。买基金一方面是由于我前期在股市里"受了伤"，觉得还是由专业的管理人士帮忙投资更放心；另一方面是想分散风险。事实证明，我的选择是对的。

接下来也是最重要的，我开始坚持在自己的能力圈做投资。在通过阅读不断提升自己投资能力的同时，我也开始对所要购买的投资产品做相对深入的分析。以买基金为例，我不再像以前那样盲目追热点且只看基金的短期市场表现，而是开始将视线拉长来看，去看该基金近 3 年、近 5 年的业绩表现。除了看业绩，我还研究持仓结构、投研团队的情况等信息，通过综合分析做理性判断。

经过重重考量选定投资的基金后，我要求自己必须坚定地持有 3 年以上，以时间换空间，除了遇到基金重大变动的情况。当然，在遇到市场剧烈波动时，我也会忍不住心跳加速，很想跟着市场短期变化做调整。每当这时，我都会用《傲慢与偏见》中的一句话——"一个人仅仅因为软弱无能或优柔寡断就完全可能招致痛苦"提醒自己不能优柔寡断，要避免感性的直觉，独立思考并冷静判断，坚持自己所坚持的！

凭借理性的判断及长期的坚持，近3年来我持有的几只混合基金获得了超过30个点的收益；我持有的债券基金，平均年化收益也跑赢了其他理财产品。

理性理财和感性生活相辅相成，都不可或缺。感性生活的基础是理性理财，没有这个基础，感性生活就成了无本之木、无源之水。而理性投资以外，我们也需要给生活增加更多的色彩，点缀我们生命的天空。未来，我会继续让生活多一些感性、投资多一些理性，让感性与理性和谐交融，在我的人生旅途中交相辉映，拥有更平衡、更快乐的人生。

分析者言

虽然资本市场跌宕起伏，但对于主动权益公募基金而言，长期投资者大概率能获得不错的收益回报。

送走2019年的同时，权益基金也提交了一份不错的长期"答卷"。截至2019年12月31日，主动股混开基在过去10年整体上涨96.52%，年化收益接近7%，大幅超越沪深300指数涨幅（图1-9）。用了10年时间，权益基金拉开了与沪深300的距离。

再把区间拉得近一些，以近5年为时间区间看权益基金的业绩表现，如图1-10所示。

海通证券基金研究中心数据显示，在该区间内（2015年1月—2019年12月）任意月底持有满5年的基金的累计收益中位数全部超过17%，且大部分累计收益都超过50%，而累计收益前1/4的基金更是有超过一半的概率累计收益超过100%。在持有时间较长的情况下，高仓位权益基金赚钱概率较高、收益也较高。

正如巴菲特所说，投资如同长跑，不仅需要能力，还需要持久的耐力，更要重视时间的价值。让我们一起让时间成为投资的朋友！

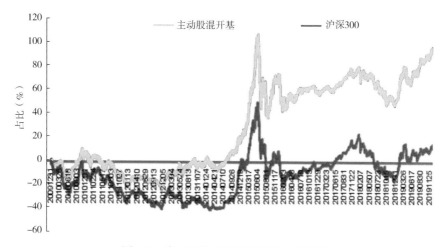

图1-9　我国主动股混开基历史收益曲线

注：数据来源于海通证券。样本为市场上的股票型、混合型基金，剔除指数基金和封闭式基金（数据截止日期：2019年12月31日）。

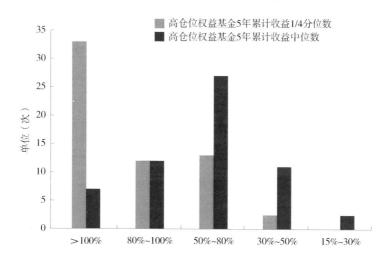

图1-10　持有满5年高仓位权益基金累计收益分布

注：数据来源于海通证券。统计区间为2015年1月—2019年12月。以月度为观测样本，共有60个月的观测样本。

风险提示

以上观点不代表任何投资建议，市场有风险，基金投资需谨慎。

孩子财商教育的启蒙

（北京　单女士）

我一直认为，如果人的一生能够找到自己真正热爱并愿意为之奋斗的事业、爱好，不管其中经历多少困难，也会忘情投入不计后果，那么这个人一定是幸福的。我是一个幸运的人，投资对我来说就是一件"终生爱好"。

另外一件幸运的事，就是在 5 年前，我在 30 岁的时候拥有了一个可爱的女儿。和我小时候相比，现在孩子的生活可以说发生了天翻地覆的变化，他们轻易就能拥有昂贵的玩具、衣物，却不知道那得花一大笔钱才能买到，这也就造成了一部分孩子习惯了得到，却不知道背后的代价到底是什么。因此，孩子的财商教育非常重要，但我们要通过正确的引导和方法让孩子逐步意识到这一点，而不是一味地将金钱塑造为一个"魔鬼"，这将物极必反。

有一天，我和女儿坐在沙发上看电视，我牵起她软软的小手给她看了看"手相"："哇，豆豆，你以后也是富贵命""你看你的财富线很粗长，代表财富没有从指缝中溜走，你长大以后，会赚钱也能攒钱。"豆豆听了我的话，开心得不得了，坚定了她勤劳致富的决心，马上麻溜地帮我把碗洗干净了、地也打扫了，成功地赚取了 20 元零花钱。

其实，这不是我第一次这样教育女儿。在接触金钱的初期，孩子有时候会非常天真地给所有东西"标价"，认为金钱可以买来一切物品，金钱是万能的。

首先，正好可以在这时候告诉孩子，有些东西是无法用金钱衡量的。比如，如果爸爸周末也出去工作，会比平时赚到更多的钱，但也失去了与家人待在一起的时间，全家人共处的欢乐时光是多少金钱也买不到的。

其次，可以告诉孩子，我们可以通过自己勤劳的工作换来报酬。孩子有时候会克制不住内心的欲望，眼馋橱窗里精美的玩具，大喊大叫一定要买下它。这时候，我们可以要求孩子帮助家里做一些力所能及的事换取零用钱，让孩子意识到金钱是多么来之不易，用自己双手赚来的钱才是最宝贵的。

最后，让孩子学会管理金钱。逢年过节孩子免不了收压岁钱，这笔钱如果没有好好支配，很快就会用光。父母可以帮助孩子学习处理欲望，建立"三不"原则：已经有的不买，超过预算的不买，以后用不到的不买。还可以帮助孩子做一个长期规划，如开设一个基金投资账户或存入银行定期。时间一长，孩子对零花钱的规划会越来越得心应手。在这个过程中，一定要多给孩子鼓励和信心。

哈佛的一位教授把财商、智商和情商视为现代社会不可或缺的三大素质。一般而言，高智商体现在学历上，高情商体现在职场快速升职上，而高财商则体现在提前实现财富自由上。很多教科书式的成功人士，通常很小就开始接受财商教育。《富爸爸穷爸爸》一书中写道："如果你不教孩子金钱的知识，将来有其他人取代你教训孩子，这个人是谁？也许是债主，也许是奸商，也许是警察，也许是骗子。"所以，为了让孩子拥有更好的未来，财商教育要从他们小时候做起，让他们多一些财经观念和财务技能。

分析者言

拥有财商的确十分重要。作为家长，我们任重道远。

在这里补充两点：

一是在孩子储蓄金钱过程中，可以帮助他准备 3 个存钱罐，分别是消费（spend）、储蓄（save）、分享（share），让孩子做好分类管理、收入分配，有计划地把钱花在合理的地方。

二是"授人以鱼不如授人以渔"。可以帮孩子选择一只业绩优秀的基金，把孩子的生日礼金、结余零花钱、压岁钱等都转入这个基金账户，并让孩子学习什么是基金的净值、收益率、风险程度等。

希望各位家长的努力能为孩子们埋下投资理财的种子！

风险提示

以上观点不代表任何投资建议，市场有风险，基金投资需谨慎。

活到老，学到老
——浅谈我的理财"敲门砖"

（河北　韩女士）

我与基金结缘是在 2016 年。2016 年年初，还在某财经大学上学的我靠着对所谓"被动收入"的渴望，在同学的影响下开始了我的基金投资之路。

为什么选择基金？原因很简单，因为我实在是不敢炒股，已经见过太多"一入股市深似海，从此金钱是路人"的例子。当时我跟着同学在某个 App 上进行基金投资，快速选择了 4 只基金。选择依据是：测评分析显示这 4 只基金产品是当时同类型基金中风险相对较小的。

我的第一次基金投资是以定投的方式进行的，当时仅仅把它当成银行的零存整取，想起来的时候看下账户，想不起来的时候十天半个月都不去管它，对基金投资毫无风险意识。

2016 年年底，我查看基金账户盈亏情况时发现仅有 10 元钱的浮亏，心想小亏不算什么。而且有人说市场是有春夏秋冬四季轮换的，所以我告诉自己这不过是暂时遇到寒冬，春天马上就会到来。但即便如此，我的内心还是有了些许动摇，或许这就是一个新手的"杞人忧天"吧。

2017 年春节后，我的账户浮亏 40 多元。现在来看，这个投入 5000 元本金、获得 0.80% 亏损的投资实例其实也还好，大家应该都能承受。但这对于当时什么都不懂就盲目跟风抄作业的我来说，算是遭遇了"当头一棒"。

2017年3月，我投资基金已超过半年时间，刚刚见到正浮盈。但随着时间的推移，我内心的恐惧并没有因这暂时的正浮盈而减少。

为什么这么说？因为当时的我实在没有能力预测市场什么时候变好，什么时候变坏；好到什么时候止盈，坏到什么时候止损。面对众多问题，我对持有的基金充满了深深的无力感。

所以，我当时的想法就是我需要做些什么来消除由于追求物质而带来的这种恐惧。这期间我读了两本书，解决了我的大部分疑惑。

第一本书是《聪明的投资者》。读完这本书后，我基本明确了投资是在困难时看到光明，以及要结合实际挑选适合自己的投资品种。

第二本书是《买基金为自己加薪》。读完这本书后，我明白了选基金的基本方法和止盈、止损的原则，安心了不少。

对基金的了解有所增加后，回头去看自己买的4只基金，我意识到波动小的基金可能并不适合定投，也不是特别适合自己。于是在当年6月收益略有盈余后，我将全部份额赎回。

随后，我对自己2017年的基金投资策略进行了调整。首先，6月初时选择了一只成立5年以上、晨星评级五星的指数基金，一只评级五星的混合型基金和一只低波动的红利基金，形成高、中、低风险的基金组合配置。到2019年年底，这个组合获得了约25%的累计收益。

回头看，从2016年10月到2017年6月，我用8个月的时间完成了从"门外汉"到踏入基金大门的过程。这些基金未必是收益最好的，却是我踏入市场的"问路石"。

这8个月，我最大的感悟就是"活到老，学到老"。现在市场信息变化这么快、新产品这么多，如果不学习、不随时关注新的市场，又怎么知道新机会在哪里呢？机会总是留给有准备的人，所以多学习总是对的。

这就是我的故事。

分析者言

现在的基金小白投资者经过一段时间的投资历程后,能够通过学习成长为具备一定专业基础、可以自行选择产品的投资者,这是基金投资者的整体进步。与此同时,随着知识的增长,越来越多的基金投资者会注重从多维度做比对,从而选出心仪的基金产品。

《2018 年度基金个人投资者投资情况调查问卷分析报告》数据表明(图 1-11),在购买基金时,59.62% 的投资者最看重基金业绩,比 2017 年的 77.10% 下降较多。随着投资者投资认知的提升,投资者选择基金产品的时候不再是无从下手或者筛选条件单一,他们能从更多更细分化的方面综合考量,如基金经理、产品投资策略、赎回时间、费率等,这对投资者构建基金组合有很大的帮助。

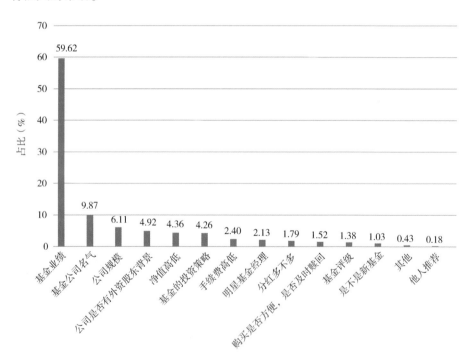

图 1-11 个人投资者购买基金时最关注的方面

注:数据来源于《2018 年度基金个人投资者投资情况调查问卷分析报告》。

风险提示

投资者购买货币市场基金并不等于将资金作为存款存放在银行或者类似金融机构,基金管理人不保证基金一定盈利,也不保证最低收益。

基金定期定额投资并不等同于零存整取等储蓄方式,定期定额投资并不能规避基金投资所固有的风险,不能保证投资人获得收益,也不是替代储蓄的等效理财方式。

以上观点不代表任何投资建议,市场有风险,基金投资需谨慎。

刚进入社会的我为什么要选择定投

(湖北　陈女士)

在"你不理财、财不理你"的理财常识和专业知识的学习过程中,我逐渐了解了理财的重要性,也对理财市场树立了足够的敬畏之心。现在我刚工作两年,主要选择基金定投,但既没有用定投攒出人生的第一套房,也没有攒出人生的第一辆车,只是用定投所得完成了第一次国外之旅。

其实定投的收益并不见得多高,但我个人感觉是最适合刚进入社会的年轻人的理财方式。为什么这么说?因为有三点关键因素。

第一点是坚定"做多中国"的信心。坚信无论市场短期如何涨跌,中国经济的发展肯定是不断前进的,而股市是实体经济的"晴雨表",因此相信未来中国的股市会越来越好。在这样的信念下,基金定投收益的微笑曲线就能成立,唯一要做的就是坚持定投,以时间换空间,而我们年轻人最不缺的就是时间,何况是这种几乎无劳动成本的投资计划,一次操作,自动执行。

第二点就是定投分散了投资成本。刚进入社会的我们每月吃穿住行费用总计 4500 元左右,而应届毕业生的工资有多少呢?2019 年中旬智联招聘发布的 2019 年应届毕业生签约薪酬报告中指出，大部分毕业生月薪平均在 6000 元左右，我认为最高平均也就到 8000 元吧，所以每月剩余 1500～3500 元 "闲散资金"，这还是在生活相对简朴的条件下节省出来的。每月结余资金决定了应届毕业生的理财起步资金比较有限。

第三点就是刚进入社会的我们风险承受能力有限，而中国股市是一个牛短熊长、二八定律（20%赚钱，80%亏钱）明显的市场。谁也无法保证明天市场一定会涨，只有保持对市场的敬畏心，以时间换空间，才能得到一个好的结果。

因此，利用基金定投分摊投资成本，分散投资风险，绘制收益的微笑曲线，是比较适合刚进入社会的我们积累初始资本的理财方式。

分析者言

事实上，不仅刚毕业的大学生月均收入有限，大部分网民群体月均收入也在 5000 元以下。中国互联网信息中心（CNNIC）2019 年 8 月发布的第 44 次中国互联发展状况统计报告数据显示（图 1-12），本科以下学历（不含本科）网民占比为 90.40%，而月收入在 5000 元以下的网民群体合计占比超 70%。

如果资本财力比较有限，选择投资门槛低至百元左右的基金定投是量力而行的合适方式。尤为重要的是，通过基金定投，我们其实获得了专业理财的支援和扶助。

通常来讲，公募基金的管理者多为经济专家、证券专家以及投资分析专家，具有深厚的投资专业知识和丰富的证券投资经验，可以通过预先和准确的宏观基本面分析以及各种先进的技术分析手段捕捉投资机会，能对证券市场的整体运行趋势和各个投资品种的价格变动趋势做出比较正确和前瞻性的预测，减少投资决策的失误。

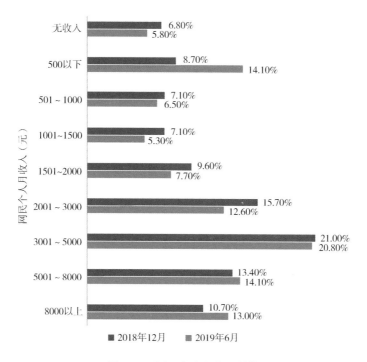

图 1-12　网民个人月收入结构

注：数据来源于 CNNIC 中国互联网络发展状况统计调查。

风险提示

基金定期定额投资并不等同于零存整取等储蓄方式，定期定额投资并不能规避基金投资所固有的风险，不能保证投资人获得收益，也不是替代储蓄的等效理财方式。

以上观点不代表任何投资建议，市场有风险，基金投资需谨慎。

第二章
成长·吾家有女初长成

我家的养"基"故事

（山西 种女士）

2005年，我成家了，有了自己的小家庭。带着对美好生活的向往，我和爱人开始学着攒钱，每月一发工资就取出来，集中到一张存折上。当时银行正在流行一种滚动12个月、形式比较灵活的定期存款，我和爱人就用这种方式进行理财。

2006年的一天，我远在外地的姨姨打来电话，跟我聊起了基金，随后又给我发来了相关的邮件。我们当时对基金一无所知，即使遇到小区银行的工作人员在做介绍，也不会多看一眼。

这次之所以开始重视基金，也是因为姨姨的重磅推荐。因为在家里，姨姨是最优秀的，从上学到工作一直是靠自己努力打拼，是我们学习的榜样。于是，我的妈妈到银行问了又问，而我则开始在网络上查找和了解关于基金的资料。最终，我们全家决定试一试购买姨姨推荐的一只新基金。因为我们一家毕竟是工薪阶层，我、妈妈、姐姐商定每家投入1万元买入这只基金，心想着，不管是福是祸，都要"赌"一把试试。

或许是没经验的缘故，过了这只基金的封闭期，我们就时时关注。特别是妈妈，不但要帮我们照顾孩子，还要经常去银行看净值和走势。可喜的是，时间过了不久，这只基金就有了相对可观的收益。这个时候，全家都很兴奋，热情高涨，人人都自觉充当了基金的宣传员。我忍不住告诉了婆婆、嫂子、同事，妈妈也将买基金挣钱的消息告诉了邻居和老同学，大家都觉得投资基金或许真是一个生钱的好路数。后来，经常关注基金市场的姨姨又给大家推荐了两只新基金，结果走势也相当不错。

在后来的日子里，基金一路看涨，买的人越来越多。由于当时基金规模有限，基金进入火爆的配售阶段。各个银行受托的基金公司不一样，每次有新基金发行，每天早上不到 7 点银行里就排起了长队。所以，要想成功还需要做好银行卡上有钱的准备工作。那个时候，我近乎疯狂，每天穿梭于各个银行倒钱，往往是把买一只基金配售退还的金额再存到另一个银行，去追买另一只新基金，有几次都碰到和我一样举动的熟人。除此之外，我还把之前的存款全部取了出来，把宝押在了基金上。这样下来，我一共有 6 张银行卡、10 多只基金，其中好几只都是千元出头。看着净值日益增长的数字，我内心特别激动，感觉照此下去很快就可以实现财务自由了。

然而好景不长，2007 年后股市开始走低，我的基金净值基本都在下降，好在出手申购较早的几只基金虽有缩水，但还保持着正收益。2008 年，我们全家决定买房，即使有婆婆和妈妈的赞助，购房款依然不足。无奈之下，我只好赎回当时持有的两只基金。现在看来赎回是明智之举，基金收益对买房起了大作用。

2013 年前，由于股市没有太大的变化，我也忙于挣钱养娃和还房款，对基金的热情有所减退，有一段时间几乎不去管基金，也不懂得经营。后来，股市有所回暖，我买基金的想法逐渐被激活，小有积蓄后我又开始买基金了。

俗话说，人总是会成长的。这一回，我开始学习买货币基金、债券基金、海外基金，还尝试定投，学着不把"鸡蛋放在同一个篮子里"，以分散风险。由于我原有的养"基"数量太多，品质参差不齐，只能赎回其中的一些基金，其余的权当交了学费吧。

最终，我决定选择几家相对稳定的基金公司。这几年的投资之路，对我也是一种历练。比如，2015 年大跌之后，我就未能把握好赎回的时机，看到增长的数字又落了回来，心里别提多懊悔了。但从纵向来看，还是要比 2008

年的状况好很多。

我家的养"基"故事先说到这儿。感谢基金投资,过了这么多年,最后能有所收获确实是一件挺好的事情。

分析者言

种女士的投"基"故事让我们回想起那个互联网尚不普及、网银应用甚少的年代。当时,人们的理财意识开始觉醒,拥有专业团队管理、较低门槛的公募基金成为大众理财的佼佼者,但单一的购买渠道着实束缚了人们理财的脚步,一旦遇上牛市或者优秀的产品发行、打开申购,投资者只能在银行网点排长队认购,购买基金体验并不好。

中国证券投资基金业协会统计的2013—2018年基金销售保有量见表2-1。

表 2-1 基金销售保有量　　　　　　　（单位:%）

年度	商业银行	证券公司	基金公司直销	独立基金销售机构	其他
2013 年	58.41	11.79	29.64	0.13	0.03
2014 年	45.00	11.20	42.90	0.70	0.20
2015 年	26.40	9.50	62.60	1.20	0.30
2016 年	24.64	6.30	67.66	1.10	0.30
2017 年	24.35	5.78	66.38	3.47	0.02
2018 年	22.80	4.30	68.70	3.40	0.80

注:数据来源于中国证券投资基金业协会。

伴随着互联网时代的到来,基金销售渠道多点开花,基金购买体验如同坐上了高速列车。你可以在熟悉的银行网点、券商柜台、基金直销中心获取专业的投资服务,还可以在手机端指尖点点获得随时随地、便捷的基金购买体验。

近年来,基金销售行业竞争日趋激烈。东财 choice 数据显示,截至 2020 年 4 月 28 日,目前具备基金代销资格的独立销售机构超过 150 家。激烈竞争的背后,是基金购买的流程、服务、体验在不断规范、专业、丰富和提升,这对于普通投资者是好事。

风险提示

投资者购买货币市场基金并不等于将资金作为存款存放在银行或者类似金融机构，基金管理人不保证基金一定盈利，也不保证最低收益。

以上观点不代表任何投资建议，市场有风险，基金投资需谨慎。

我与基金的"酸甜苦辣"

（山东　陈先生）

"你不理财，财不理你，股票的事情还是交由专业人士来打理。"

对于小心谨慎的投资者来说，投资基金既能满足挣钱的愿望，又能克服炒股的大起大落，平衡了许多人矛盾的心理。

如何选择基金

基金公司的蓬勃发展见证了这一切，琳琅满目的基金产品让投资人目不暇接，股票型、混合型、债券型、货币型等国内外基金应有尽有。可以说，只要你有需求，它就能为你提供可能，满足你的要求。然而，丰富的产品线让人出现了选择障碍，选谁不选谁，是一个问题。

在基金热销的进程中，我也尝试着买了几只，收益不错。后来我又根据每年基金公司取得的排名以及获得的荣誉，好中选优，优中选强，买入并持有至今。

投资基金需要耐心、信心、恒心和决心。好的基金产品需要有好的基金经理来打理，关联性极强，基金经理人通过深厚的专业知识、扎实的理论功底、突出的实践能力，把投资委托人的事情办好，市场表现就是最好的答案。

在持有基金的日子里，我经历了盈利时的兴奋，也经受了亏损时的煎熬，而内心更多的是坚持和期待。投"基"还是投"机"，曾经摇摆不定，坚持什么？放弃什么？每一次判断都是对心灵的考验。

如何选择基金公司

基金公司发展的目标是为公司和基民赢得更多的财富，需要诚信守业、持之以恒，在广阔的市场中找到公司的立足点、找到投资人的利润点，让"痛点"变成"支撑点"，把基民关注的"焦点"变成成长的"基点"。

十年投资路，一言践行难。投"基"≠投"机"，但是投"基"也需要把握时机，采取积极策略，不能消极被动。情结很重要，它让你对行业、公司有进一步认识的动力，是进入投资的一个快捷方式；它也能让你在希望中坚持不懈，成为"痴情"的投资人，但也容易丧失其他机会。

"闻道有先后，术业有专攻。"对基金管理人来说，对市场准确的研判、及时止盈、滚动发展、见"基"行事、见机行事、见好就收，对政策和行业的理解、对公司的实地调研、对国家发展战略的认识和准确把握以及技术分析等，需要深耕细作，厚积薄发。

对"酸甜苦辣"的寄语

今后，价值投资或将成为主流，真正产生内生效益，通过趋势投资来获得行业、公司发展带来的红利，这也是基金公司普遍的投资观点。能否让投资人认可，需要时间的检验。

看好一个行业，不能太"痴情"，而是要随势而动；不能"守株待兔"，一味放弃大好的时机。对投资等待机会的把握，也是考验基金经理人能力的试金石。"谁还没有过年轻的时候"，一时的发展不能说明什么，练就持续发展的能力才是公司成长之道。曾经的金牛奖可以失而复得，但是基金投资人的希望在一次次残酷现实中重拾信心却艰难无比。

"古人学问无遗力，少壮工夫老始成。纸上得来终觉浅，绝知此事要躬行。"基金公司的发展与基金的业绩休戚相关，考核的指标就是为基金持有人挣得持续稳定的回报，如果出现超额利润，就会基金爆棚、供不应求，更快地实现双赢目标。

十几年的发展也是不断成熟的过程,只要公司有明确的经营之道,不断汲取经验教训,再造辉煌不是天方夜谭。

期待下一个基金盛市的到来。

分析者言

公募基金发展至今已有20余年,随着基金市场的不断成熟、基金产品线的不断完善和基金投研团队的常年打磨,投资者基金投资过程的体验越来越好,对于基金投资服务、投资结果的满意度也持续提升,对于基金收益和市场风险也有着越来越理性的预期。

然而我们也看到,仍有不少个人投资者即便在牛市中也很少能赚得正收益。"基金赚钱、自己不赚钱"是很多人心中的"痛点"。究其原因,除了持有时间过短、申赎频繁耗费交易成本之外,最主要的原因在于缺乏专业的指引。

比如海外基金市场,基金投资大多是在投资顾问指导下进行的。根据美国投资公司协会(ICI)的统计,2019年美国公募基金投资者中通过非雇主退休计划投资基金的占比65%,其中通过投资顾问等投资专家进行投资的占比50%,如图2-1所示。

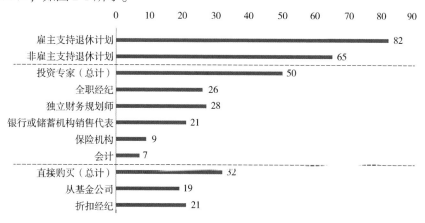

图 2-1　2019 年美国公募基金投资者的购买渠道占比(%)

注:数据来源于美国 ICI。

通过基金投资顾问投资基金的优势在于"专业的事情得到了专业的人打理",能够帮助投资者挑选合适和优质的基金品种,有效降低选择成本和交易成本,力争实现长期可持续的投资收益。

2019年10月,中国证监会下发了《关于做好公开募集证券投资基金投资顾问业务试点工作的通知》,中国公募基金投资顾问业务开启试点工作。相信在不远的将来,基金投资顾问业务的正式开闸,能够为广大个人投资者提供切实有效的帮助,实现专业的基金投资和账户管理。

让我们拭目以待。

风险提示

以上观点不代表任何投资建议,市场有风险,基金投资需谨慎。

做一个长期的基金投资者

(河南　胡女士)

"8年相伴,风雨同舟"这8个字很好地诠释了我8年的基金投资历程:我既经历了投资成功的惊喜和由此带来的幸福,也经历了股市下跌、基金亏损的懊悔、彷徨。但不管怎样,我一直坚持投资基金至今。

结缘

开始投资基金是在2012年。当时选基金时的谨慎、认真劲儿,不亚于古代皇帝为公主选婿。按照基金公司情况、基金星级评价、基金近几年业绩排名、基金经理表现等一系列指标进行筛选,林林总总初步筛选出七八只基金。经过进一步分析和比较,我最终被一家金牛老字号基金公司旗下的明星基金所吸引。经过仔细考虑,我最终选择了重仓投资,开始了与基金的投资缘分,一直持续至今。

投资历程

买入基金以后，这只基金很好地适应了当时的市场投资环境，净值上涨很快。但随着当年年底熊市的到来，该基金的净值不断下跌。是继续坚持，还是中断投资，我犹豫了一段时间，但最终我还是决定坚持下去。后来，该基金不负众望，即使经过这两年的股灾，仍为我带来了理想的基金投资回报。我记得有一位著名的投资人说过这样一句话，如果你看好该公司的发展前景，你就可以一直持有该公司的股票。我想，换句话来讲，如果你看好未来中国经济的发展，那你就可以决定由专业的投资人来帮你投资，长期持有基金，做一个长期投资者。

几点感悟

通过这8年的基金投资经历，我主要有以下3点投资感悟：

一是长期投资不等于长期不管。投资者要定期关注手里持有基金的变化，如以3年为一个观察周期。

二是长期投资不等于不赎回。就像地里种的庄稼一样，经过生根、发芽、开花，最终结出果实的时候，我们要及时收割。对于基金来说也同样如此，要及时进行基金赎回，做到落袋为安，尤其是股票型基金。否则，长成的庄稼会白白烂在地里，而我们一旦遇到股市下跌，到手的基金收益就会一点点流失。

三是投资基金切忌"追涨杀跌"。作为普通投资者，我们很难做到准确择时，而且基金的申购和赎回费用远远高于股票投资，频繁的基金操作只会浪费大量的申购和赎回费用。

分析者言

"长期投资知易行难"，道理许多人都明白，但执行起来却难以尽如人意。究其原因，市场中充斥了太多的贪婪与恐惧，我们很容易被情绪左右。

要想真正发挥长期投资的威力，在最初做决策时就应该认同长期投资理念。如果抱着试试看的态度勉强为之，效果并不好。

同时，要选择适合长期投资、能够提供长期复利回报、有效控制回撤和波动的产品。为什么巴菲特的长期投资能成功？因为他选择的是可口可乐、麦当劳、运通、菲利普石油等长期业绩增长的企业，选对了投资标的。

此外，就像胡女士所说的，长期投资≠简单持有。巴菲特一直用价值投资的尺度衡量投资标的，当一家公司的股价已经透支了其内在价值时，就没有理由继续持有。同样，我们也应该在基金操作层面上强调阶段性地审视和调整投资重点。

保持一份冷静、理智，不随波逐流，在低位时不恐惧，在高位时不贪婪。唯有如此，长期投资方能成功。

风险提示

以上观点不代表任何投资建议，市场有风险，基金投资需谨慎。

不能被一次困难吓倒

（江西　南先生）

2020年3月8日，巴菲特说，我活了89岁，只见过一次美股熔断。可让他想不到的是，在此后的10天之内，他又见证了四次……2020年3月18日，标普500指数盘中跌超7%，再次触发熔断机制，于是暂停交易15分钟，这是美股史上的第五次熔断。

在股市历史上，不是第一次发生这样的"创伤"事件。微博上曾经创建过一个话题——聊聊你投资中最艰难的一段时光。有人认为投资就是一个高危职位，需要非常深厚的专业知识，如果没有经过系统学习就贸然闯入这个世界，就像拿着火把穿过火药厂，只有自己被烧得遍体鳞伤的时候才知道自己做错了。

还记得2015年的那个夏天，A股从5178点开始断断续续地"滑铁卢"，7个月后下跌49%，数以万计的持股人被套牢其中。其中有一部分人因此欠债，心灰意冷，从此放弃了炒股的念头。对于他们来说，满怀希望地来，充满失望地走，的确是人生的艰难时刻。

其实，大可不必把一两次投资失败看作洪水猛兽。在人生的旅途中，难免会遇见不顺心的时候。我们身处瞬息万变的市场，一些突如其来的事件会扰乱我们的投资信念，坚持自己的投资信念和保持理性的心态就显得尤为重要。作为投资者，我们不妨换个角度，学会用更长远的眼光看待市场，相信历史和投资胜率。要知道，短期的不利不会影响全盘的走势。从1990年到2019年，我们共同见证了我国的经济增速领先全球，A股的表现也可圈可点。长期来看，A股的前途是光明的、乐观的，是举足轻重的"世界市场"，所以投资更要立足于长远。另外，将主要精力放在投资决策过程中，偶尔遇到不好的结果时无须太过紧张，应学会承受一定的损失。

2020年年初，尽管新冠肺炎疫情来势汹汹，我国经济还是经受住了冲击，主要的生产规模和指标体量依然可观。国家统计局数据显示，2020年1—2月，规模以上工业总产值达到11.50万亿元，社会消费品零售总额超过5.20万亿元，完成固定资产投资超过3.30万亿元；基础工业和防疫物资保障十分有力，强大的经济发展韧性没有改变；全国人民齐心协力渡过难关，人民的凝聚力变得更强。这让我更加相信，无论遇到多少困难险阻，我们的未来都会越来越好。

分析者言

产生于19世纪末的美国道琼斯指数迄今已经超过200年，堪称世界上历史最为悠久、影响最大、最权威的一种股票价格指数。200余年间，道琼斯指数先后经历了20世纪30年代大萧条、第二次世界大战、1987年"黑色星期一"、2008年金融危机、2011年"主权债务危机"等诸多灾难性事件,但仍然顽强地攀上了2万点指数大关。

能够看到,股票市场虽然短期内呈现牛熊交替不断变化的过程,但从长期来观察,股票价格总体上具有不断向上增长的长期历史趋势。这是基金长期投资能够盈利的重要理论依据。

作为投资者,你肯投入,时间就会回馈你,财富的积累不是一朝一夕能完成的,一切投资都要经受时间的考验。

风险提示

以上观点不代表任何投资建议,市场有风险,基金投资需谨慎。

让我们投资做伴
共赴一场春江春山春云的约会

(内蒙古　彦女士)

近日,读黄晓丹《诗人十四个》,作者阐述为何取此书名,是因为论语里说过"冠者五六人,童子六七人"。所以,"诗人十四个",有一种要去春游的感觉。春游的感觉,立即说到了我的心坎上!

春游,是我内心的一个重要追求,源起大学。还记得大三的春日,在阴冷的模拟法庭上完课出来,外面草薰风暖,"伸出一双手能拥抱晴朗,推开一扇门能走进灿烂"。在这样的春光里,我内心草长莺飞,春天在哪里,我就要去哪里!怎奈我囊中羞涩,只能跑到玉渊潭公园一游。从此,春游的情结深种在我内心。大四那年,我用两个月家教挣来的钱来了回"烟花三月下扬州",十足品味了瘦西湖的春和景明。

2011 年，我大学毕业后正式进入社会工作，除去衣食住行花费，工资所剩无几，但内心深处的春游情结始终未改。记得 2013 年的 11 月，我终于攒了 2 万元。恰巧，当时宝宝类货币基金热度很高。于是，2013 年 12 月 12 日，我正式开始购买货币基金，开启了我的投资之路。

当时的简单算法大概是 1 万元每天的收益为 1 元，我的 2 万元每天的收益是 2 元，一个月下来是 60 元。2015 年 4 月上旬，我用 2 万元投资货币基金 15 个月的约 1000 元收益去了趟洛阳。"花开时节动京城"再也不只是我想象中的情景，无论是王城公园、国家牡丹园，还是国际牡丹园，无一不花开千万朵。"绝代只西子，众芳惟牡丹"，盛景难述。

俗话说好事成双，其实在 2015 年的上半年我还有另外一笔基金投资收入。源起 2014 年年底因工作关系与几位财经记者聊天，当时他们说业内判断市场正在走强，如有闲钱可以适当参与。当时我除了放在货币基金里的 2 万元，还攒够了 2.5 万元，最后决定买 2 万元的混合基金试试，风险相对股票之类的低一些。我记得从 2014 年的 12 月底开始购买，到 2015 年 5 月因为家里用钱卖出，每个月的收益大概为 1500 元，共计赚取 8000 元左右。除了给家里 2.5 万元，还剩下 3000 元，于是我在 2016 年春天去了趟苏州。读古诗词时总感觉苏州园林蕴藏着一种神秘感，我国的文人墨客通过山水寄情理想抱负，展现出的是一种独特的传统文化。直到亲眼看见春日里的拙政园和留园，才对"咫尺之内再造乾坤"的苏州园林评断有了更具象的体悟。

参与完 2015 年上半年的投资后，我才意识到这次投资的时点非常巧，刚好是市场牛市的一个阶段，确实有运气的成分。后来因为市场低迷，家里用钱，除了在货币基金里留出日常备用的钱，暂停了对于权益类基金的购买。再之后因涉及贷款买房等事宜，也确无余钱投资。

2018 年年底，我手里又有了 3 万元左右的余钱，想来想去，还是投资基金更合适一些。还记得在投资前，我特意读了一些微信自媒体大号的专业文章，选了几只混合基金，清楚地记得其中有一只医药基金。2019 年一季度市场单边上涨，我又收益了不少。不过这次没有上次那么幸运，到一季度结束时我并没有止盈，以为行情还可以继续，没想到 4 月后市场进入急跌状态，所以收益回吐了大部分，所剩无几。但是这个变化并没有改变我投资的决心，心想既然是短时间不用的钱，就让它继续吧，所以一直没有动基金里的钱。下半年市场逐渐好转，到 2019 年年底，我的整体收益又达到了 25%。当时我赎回了一些，在春节前去了一趟大理，赴了一场"苍山洱海"的约会。

从大理回来后，新冠肺炎疫情已经逐渐发酵，春节后开市首日市场大跌 8%，但是我并未选择赎回。我感觉此次疫情正如行业所言，只是短期影响因素，市场长期还是向上的。因疫情宅家的这段时间里，我简单梳理了自己零零散散的投资经历，见表 2-2。

表 2-2 投资经理梳理

阶段	投资金额（元）	投资标的	投资时长（月）	投资收益（元）	出游地点
第一次投资	2 万	货币基金	15	1000	洛阳
第二次投资	2 万	混合基金	5	8000（花费3000）	苏州
第三次投资	3 万	混合基金	6	0（获利回吐）	—
第四次投资（延续第三次）	3 万	混合基金	7	7500（花费5500）	大理

以上提到的几次出游，都是我投资基金赚来的钱。总结下来，如果说之前的投资可能有投机的成分，那么接下来我就准备长期投资了，同时总结出今后的投资还要多注意以下几点：第一，多学专业知识，对同类产品多做比较，综合考虑基金公司、基金经理和产品投资标的；第二，学着做组合投资，除了货币基金和混合基金，也可以将债券基金和指数基金纳入投资范围；第三，及时止盈，投资收益达到 20% 就要及时赎回一部分或全部赎回，然后在市场低点再买进。不管怎么说，最重要的是用余钱投资，既不影响生活，长期下来还可补贴开销，何乐而不为呢？

因为疫情，2020 年的这个春天是寂静的。人虽无声，但春江水已暖，春山草已绿，春云雾已升。我相信，疫情过后将是更美的春天。我也坚信，有正确的投资相伴，我将继续在春天里旅行。

📊 分析者言

《旅游学刊》2019年第5期曾刊载张云亮、冯珺所著文章《中国家庭收入来源差异与旅游消费支出：基于中国家庭金融调查2011—2015年数据的分析》。文章作者对影响家庭旅游消费收入结构的因素进行了分析论证，并得出如下结论：首先，对全样本而言，不同类别的收入增长均对家庭旅游消费支出产生统计意义上的显著影响；其次，在利用工具变量克服潜在的内生性影响后，估计结果显示财产性收入和转移性收入对旅游消费的拉动效应大于工资性收入和经营性收入；最后，对非农户籍人口而言，金融类财产性收入对家庭旅游消费支出的影响大于非金融类财产性收入对家庭旅游消费支出的影响。由此或可得出结论：投资，使生活更美好。

⚠️ 风险提示

投资货币市场基金不等于将资金作为存款存放在银行或存款类金融机构，基金管理人不保证基金一定盈利，也不保证最低收益。

以上观点不代表任何投资建议，市场有风险，基金投资需谨慎。

我希望用基金投资为家庭撑起一把"安全伞"

（北京 肖女士）

2016年之前，我的人生可谓顺风顺水。

父母一直做服装生意，我是独生女，结婚后在买房买车方面有父母的支持，我并未感到多少压力。我怀孕后便辞职了，生了儿子后，母亲又出钱帮我请了保姆。直到儿子上小学，我才重新找工作，还是做我熟悉的财务工作。

重新上班后虽然中间换过两次工作，但都是在企业里做财务，每天的日子过得平平淡淡。记得 2016 年 8 月的一天中午，我跟几个同事聊起了投资理财，有的同事说自己没财可理，但是父母会买一些银行理财；有的同事说自己余钱不多，都放在货币基金里；有的同事说自己通过朋友买了些理财产品……我想着大家都差不多，我的余钱也是买一些银行理财和货币基金产品。这时，另外一个同事说，现在的市场行情还不是太好，其实可以做基金定投，一般坚持 3 年以上都会有一定的收益，不能只买货币基金这样的类固定收益产品。当时大家都似懂非懂，这事就这样过去了。

2016 年 11 月 15 日，我的生活发生了大逆转。那天早上，我刚坐到工位上就接到电话，我爱人因为高血压意外摔倒昏迷，被紧急送到了医院。经过抢救，我爱人虽然保住了生命，但双腿几乎不听使唤，医生说需要一个很长时间的恢复过程，但很难恢复正常。

我爱人在医院住了 4 个月，然后去康复中心接受了 4 个疗程（历时 1 年）的康复治疗，回到家的时候已是 2018 年 4 月。他生病后，我一直坚持工作，只是时常请假，但他回家后，家中需要留人照顾。思来想去，我们最终选择让我爱人住在石家庄的一家康复中心，让 75 岁的婆婆过去陪护。这样，我可以上班，每个月再带儿子从北京过去探望。

我爱人住院的 4 个月花了 16 万元，1 年的康复治疗花了 36 万元，再加上七七八八的其他费用，2018 年 4 月前已经花了将近 60 万元。这里面有我们攒下的 25 万元，有我父母给的 20 万元，有我爱人妹妹（在国外做生意）给的 15 万元。看到这里，大家可能会问，怎么没有保险？是的，确实没有。我爱人这些年一直在独立创业，没把社保当回事。前些年我父母给我们买了商业保险，替我们交了 6 年的钱，之后是我们自己交，我爱人觉得意义不大，偷偷把他自己那份停掉了，所以这次看病的一切费用都需要我们自己承担。石家庄的这家康复中心每个月的费用固定是 6500 元，我爱人的妹妹每个月给 3000 元，剩下的由我负担。

我算了一下，我的工资大概是 1.5 万元，房贷、车贷早已还清，我和儿子每月的生活费5000元，爱人的固定费用是3500元。通过我爱人的这次生病事件，我充分感受到保险的重要性，所以立即补充了我和儿子的保险，并给儿子买了意外险。儿子已上初二，喜欢打篮球，磕磕碰碰难免。这样平均每月的保险费用大概是2500元。这样算下来，我每个月还能剩下4000元左右。除了精打细算地过日子，我还需要考虑如何让钱保值增值。

2018年9月，在如何投资的问题上，我咨询了我那位说定投的同事。根据我的资金情况，她建议我选择定投。通过与同事的交流，我得出以下结论：第一，投资前要对基金的产品类型有一个基本的了解，然后根据自己的风险承受能力选择相应的基金产品。我能接受本金亏损30%以内，风险测评结果我是"稳健型投资者"，适合买中低风险产品。第二，买基金产品要看产品比较长期的业绩。1年业绩作为参考；3年可能是一个比较好的标准；5年下来都很好的产品，如果近期没有发生基金经理变更之类的事件，就可以重点考虑。第三，不要想短期内能赚到多少钱，至少1年才能评断，否则短期之内申购费赎回费等也是一笔不小的支出。向同事请教后，我又定投了两只混合基金，每只产品每月投入1500元，共计3000元。2018年春节前，我父母又给了我10万元，我又买了几只混合基金。

2019年春节，我的基金账户收益已有1.3万元。考虑到有几只产品的收益已经达到25%，我就赎回来一部分，大概是8000元。我用这笔钱为我爱人添置了康复用品，给儿子买了一双他心仪已久的球鞋。从2016年走到现在，2019年的这个春节无疑是我内心最为舒畅的一次。

爱人生病前我过的是无忧无虑的日子，现在除了需要支付他每月固定的康复费用，儿子上学的开销也越来越大，父母的年纪也大了，今后我必须依靠自己。除了日常开销，我需要做出更合理的规划，争取让基金投资产生稳定的收益，除了覆盖每年的保险支出，还要为儿子攒一些教育金，让这个家更多一份安全感。

分析者言

提及家庭资产配置,不得不提到标准普尔家庭资产象限图(标普图),如图 2-2 所示。标普图是由全球很有影响力的评级信用机构,通过调研全球 10 万个资产稳健增长的家庭,分析他们的家庭理财方式,而总结出的家庭资产配置图,是世界上接受度比较高、比较合理的家庭理财配置模式。

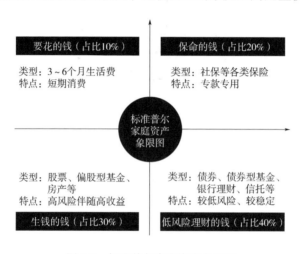

图 2-2 标准普尔家庭资产象限图

标普图把家庭资产分为 4 个部分:要花的钱、保命的钱、生钱的钱、低风险理财的钱。其中,低风险理财的钱和生钱的钱就是可以用来投资的钱,加在一起占比 70%。这一比例表明,投资在家庭理财规划中占据重要位置。虽然低风险理财的钱和生钱的钱安全性要求不同,但都可以在公募基金里找到标的。另外,因为每个家庭资产的集中度和使用需求不同,定投、基金产品组合投资等方式都是不错的选择。

风险提示

基金定期定额投资并不等同于零存整取等储蓄方式,定期定额投资并不能规避基金投资所固有的风险,不能保证投资人获得收益,也不是替代储蓄的等效理财方式;投资者购买货币市场基金并不等于将资金作为存款存放在银行或者类似金融机构，基金管理人不保证基金一定盈利，也不保证最低收益。

以上观点不代表任何投资建议，市场有风险，基金投资需谨慎。

妈妈的理财经：认准"低调的投资高手"

（山西　王女士）

我的妈妈是我们这个四线小城市人民医院的妇产科大夫，人称"胡一刀"。退休后，她接受返聘，现在已经 75 岁了，走起路来依然大步流星，工作时也一点不含糊。她还有个最大的爱好，就是投资理财。

妈妈这两年有句口头禅，除了职业使然，剩下的就是真心感悟了：年轻人要趁早做两件事情：一是生娃，二是理财。

谈起理财，妈妈有她的一套。爸爸在铁路部门工作，每月工资准时上交，至于钱的用途怎么安排，都是妈妈的事。妈妈有个"铁律"，每月拿出两人总工资的 10% 放到一个小匣子里，称之为"不动产"，然后定期存银行，这笔钱不到万不得已绝不动用。我记得直到我三妹上高中那年，妈妈还保持着这个习惯。

用妈妈的话讲，日子要算计，钱要打理。正是基于她这种理念，我们家的日子也算殷实富足。爸妈除了养育我们三姐妹，还帮衬着我大姨。大姨家有个哥哥，3 岁时因生病瘫痪，直到 32 岁去世，我妈每个月都帮大姨出一半的医药费。

随着时代的发展，除了把钱存银行，妈妈也积极探索新的钱生钱方式，如银行理财、保险投资、股票投资等。一番尝试下来，妈妈最终选择了她认为最合适的投资方式：基金投资。尤其是债券基金投资，被她称为"低调的投资高手"。

妈妈说，钱存在银行，就像生出孩子来不管一样，所以还是要学着投资理财，每年先跑赢 CPI，再来个 5% 的稳收益。不贪多，知足常乐，投资债券基金就挺合适。"债券基金的矛就是收益性，债券基金的盾就是安全性。两者对于债券基金都非常重要，在获取投资收益的时候，更应该注意投资安全性。"妈妈这几年的投资经验总结下来，就是债券基金是一种必要的资产配置。目前，她投资债券基金超过 5 年，总收益超过 60%。

我很赞同妈妈的看法。确实，债券基金与股票基金区别很大，除了一个风险较低，一个风险较高，更重要的是虽然两者都必须配置一定仓位的下限，但是当市场走到熊市，股票基金因为仓位限制可能很难逃脱净值下挫的命运，而债券基金虽然也存在仓位限制，但是基金经理可以灵活转换标的，调整持仓和券种。举个例子，因为长久期债券的弹性远高于短期债券，那么当熊市来临时，可以把一些长久期债券换成短期债券，如此一来，基金净值下跌的幅度就相对有限，短期的波动风险会得到较好的分散。所以，选择合适的债券基金后长期持有即可。

妈妈说，债券基金也有很多种，琢磨来琢磨去，可转债基金这类产品相对不错。这几年投资下来，她的收益跑赢了同期上证指数，甚至让她身边炒股的朋友羡慕不已。

从可转债基金的长期历史统计来看，它确实是一个下有债性保护、上有股性助涨的"健康婴"。如果在投资者持有债券期间这家公司的股票上涨，比如从 10 元涨到 12 元，那么投资者原来花 100 元买的可转债，按转股价 10 元能转换成 10 股，如果再按每股的最新价 12 元卖出，投资收益率就是 20%。当然，如果遇到牛市，这笔收益就更可观了！

再来说"债性保护"。假设市场不如意，不宜将债券转换成股票，那么可转债投资者可以持有这家公司的可转债不去转股，到期拿约定利息即可，股价的涨跌基本不会影响持有者的收益率。

妈妈说投资用闲钱，将投资基金作为一种长期理财工具，就像生完孩子一样，只需要适当引导，不需要束手束脚。她还说，以后她和我爸爸不用我们三姐妹养，她要让她的"第 4 个孩子"来养老，这个"孩子"就是她认准的"基金投资"。

分析者言

债券基金是投资者在投资中的一个重要可选项，尤其适合中低风险偏好投资者，而可转债基金是债券基金中比较灵活的一种类型，因为可以股债互相转换，很适合想投资可转债但打新债中签很难又不懂买二手债的投资者。

可转债基金投资的是可转债，即可以转换成股票的债券，兼具"债性"与"股性"。通俗意义上，可转债在转换为股票前是债券，和纯债一样可以获得固定的票面利息。但在公司对应的股票（称为正股）大涨时，可将其转换成相应数量的股票，借势上涨。

然而需要提醒的是，从长周期的角度来看，可转债基金的投资价值颇为亮眼；但从短期视角观察，可转债基金因为持有部分股票仓位，可能会因为股票市场调整而带来较大的净值波动。

投资有风险，我们买可转债基金时既要依据自身风险承受能力进行选择，也需对可转债的各类风险知根知底。

风险提示

以上观点不代表任何投资建议，市场有风险，基金投资需谨慎。

适合自己的，才是最好的

（福建　夏先生）

相信对于很多朋友来说，在外求学，为了梦想而努力的青春时代，都是永远难以忘记的珍贵回忆。正值青春年华的我，2019 年刚刚正式踏入我梦想中的大学校门，每天充实地上课，参与大大小小的活动，原以为这会成为我

4年大学生活的主旋律。然而让我没想到的是，在大学期间，我会与投资结下不解之缘。

基础

我的父母是南方沿海小城市的工薪阶层，每月领着固定的工资，除去生活费，剩余的钱雷打不动地购买国债或存银行。这就是他们固有的理财方式。我从小对金融知识感兴趣，初中时给熟识的早餐店老板带客抽佣，高中时开始在网上浏览一些经济论坛，进入大学后就试着自己去搞懂长长短短的K线，红红绿绿的股市常常让我兴奋不已。

当我开始慢慢弄懂"鸡蛋不能放在同一个篮子里""人生就像滚雪球"这些理财常识以后，迫不及待地想用兼职和奖学金的几千元钱试试水。

机遇

可是，选择什么投资方式好呢？年满18岁的我，已经可以进行股市投资。但我转念一想，自己的钱不多，万一股市跌了，这点钱根本不够折腾的，还是选择风险较低的产品吧，于是我把目光放在了宝宝类货币基金上。

刚开始时，我每天都要看好几遍货币基金的到账收益，满心欢喜地期待着。时间长了才发现，虽说"蚊子再小也是肉"，可年化利率实在是太低了……随后，我查阅了大量资料，进一步了解了配置货币基金。这种基金是为了灵活申赎分散风险，并不是为了跑赢通胀，所以收益率并不是很高。

通过查阅更多资料，景气值高、成长空间大、波动强的指数基金吸引了我的注意力。巴菲特曾说过："通过定期投资指数基金，一个什么都不懂的业余投资者往往能战胜大部分专业投资者。"指数是由证券交易所或金融服务机构编制的表明成分股价格变动的一种供参考的指示数字，一般定期对其成分股进行调整，调入更符合条件的优质股，说的直白点就像"优胜劣汰"。而且，定投集复利模式于一身。看到这里，我眼前一亮：鲜活有生命力，不断汲取养料，这不就像正处于花季年龄、努力求学的我吗？

道理都搞清楚了，接下来就是实践了。我在某基金公司注册了账号，设置了定期定额买入一只沪深300指数基金（金额为500元，月投）。我发现，不用花费太多时间去守着基金净值涨跌，等待花开时账户盈利是一件特别开心的事情。

坚持

我的一点感悟是，在大学生涯中，很多人都在别人看不到的地方默默地耕耘着，如坚持写好每一份研究报告、细心整理每一份数据、热心地完成每一次社团任务，当大家都羡慕拿到全额奖学金的同学时，绝不能忽略的是他们对学习的认真态度和坚持不懈的精神。

定投也如此，是一种长期行为，而且这个过程通常都是比较煎熬的。市场的起起伏伏是常态，你持有的基金也必然会有浮盈或者浮亏的变动，所以一定要强制自己去做定投这件事情，只有不懈坚持才能聚沙成塔。我相信，定投会让我在未来的日子里收获更多。

分析者言

很高兴看到大学校园里的学生们对理财表现出浓厚的兴趣，也做出了较为成功的实践。定投是一种比较适合理财小白的投资方式，可以按一定的周期持续投入较少本金（如500元等）投资基金。

定投有一个惊艳的好处就是能够分摊投资成本。基于"定期定额"的自动投资机制，在波动的市场行情中：当基金净值下跌时，我们能够获得更多份额；而当基金净值上涨时，我们则获得较少份额。市场下跌越严重，获得的低价份额也就越多。在底部积攒了更多的份额，当市场反弹或恢复牛市时，就可能获得丰厚的收益。

风险提示

基金定期定额投资并不等同于零存整取等储蓄方式，定期定额投资并不能规避基金投资所固有的风险，不能保证投资人获得收益，也不是替代储蓄的等效理财方式。投资者购买货币市场基金并不等于将资金作为存款存放在银行或者类似金融机构，基金管理人不保证基金一定盈利，也不保证最低收益。

以上观点不代表任何投资建议，市场有风险，基金投资需谨慎。

论理财：妈妈也可以是"超人"

（北京 李女士）

随着时代的进步，女性在社会上扮演着越来越多且越来越重要的角色，除了在职场上"冲锋陷阵"，还要在家庭中担负起好女儿、好妻子、好妈妈的责任。也正是因为相对较强的抗压能力、灵敏性等特质，女性在理财方面具备天然优势，但这一点常常被忽视。

还记得一次公司聚餐，同事小美向我们展示她刚买的几支口红，说上学时就羡慕同学有不同颜色的口红，现在终于可以补偿自己了，当然刚发的奖金也所剩无几。想起我刚工作时也是这样，不会考虑未来，恨不得月月成为"月光族"，每月工资一到账就去逛街，把之前看中没舍得买的东西统统买回家。刚结婚的小慧劝说小美道："不过日子不知柴米油盐贵，现在大手大脚，以后两个人过起自己小日子了，就会有的烦恼啦！"

没过一会儿，同事们就把话题转移到我身上，问我是怎么做到游刃有余的：夫妻和睦，孩子无忧。我答道："理财带给我约束，但同时也给了我自由。"丈夫把财政大权都给了我，我算是理财开窍相对较晚的，直到面对家庭的各种支出压力才有所觉悟，当然也不可能从一开始就一帆风顺。

我和丈夫算是白手起家，虽然懂得节省，但面对家庭的各项支出、人情往来仍捉襟见肘。特别是女儿出生以后，不论是教育还是日常生活品质，都不想让她输在起跑线上，所以财务压力也更加沉重。

最开始，趋于保守的理念，我将辛苦存下的积蓄存为银行定期，虽说相对活期利息较高，但每每突发用钱时便被动起来。后来，我又逐步接触保险和基金等理财产品，当然这期间也遭遇过亏损。后来我得出结论，不能想一出是一出，应该为自己制订计划并严格执行。按照标准普尔家庭资产配置比例，我首先将家庭收入减掉日常支出，然后按照相应比例配置保险、养老以及投资理财等。

在此重点说说我的理财规划。最开始时，我抱着以小博大和"一口吃个胖子"的想法，一上来就买高风险的基金产品。股市的风云变化让我措手不及，加上我并未做好应有的心理准备，最后当然是碰了一鼻子灰。后来，通过自己积累经验和专业人士的帮助，近10年以来我的投资心理逐渐成熟，面对一路飘红的大涨不会冲动疯狂加仓，面对大跌也不会手忙脚乱。同时，我的投资规划也越来越合理。我将家庭资产分成几个部分进行投资：一是用日常支出的钱买货币基金，随用随取，还有回报；二是将20%～30%的家庭资产（保本增值的钱）配置中等风险的债券基金和小比例的高风险股票基金等，力争在控制下行风险的前提下博取高回报；三是用闲散资金长期定期投资自己看好的基金产品。

虽然我对市场的研究还没有那么深入，但多多少少也明白熊牛转换的过程是一个中期筑底过程，既有长期趋势性因素，也有短期博弈波动和外部的不确定性因素。整体而言，市场整体是风险与机会并存，唯一不变的就是变，而坚持自己的选择并及时调整和不断吸收新经验才是制胜之道。人生的阅历和经验或许不会显现在每一天，而是存在于回眸的那一刻。

分析者言

由于生理和心理特征、成长环境等原因，男性和女性在消费及理财方面有不同的关注点以及特性。上海高级金融学院和嘉信理财共同发布的"2018年中国新富人群财富健康指数"显示，家庭仍是中国新富人群投资中的重心，而子女教育是影响财务状况的首位因素。

男女投资风格不同：相较于男性，女性的风险意识更强。在风险考虑方面，女性得分相较男性更高；在个人投资风格方面，女性偏向于保守型投资风格，比男性风险偏好更低。

女性的金钱需求并没有男性高：数据显示，当提及达到经济舒适水平所需的流动资产时，男性所需的金额为 243.38 万元，而女性仅需 186.11 万元；当问及达到富裕水平所需要的流动资产时，男性需要 767.90 万元，而女性仅需 616.55 万元。

女性完成所有财务目标的总时间会略长于男性，对于财务目标的焦虑度也略高于男性。数据显示，男性认为完成财务目标的总时长约为 14.28 年，而女性则为 15.41 年，如图 2-3 所示。

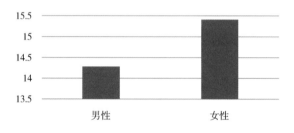

图 2-3　不同性别财务目标时长（年）

女性比男性更信赖专业的理财金融顾问以及理财公司：女性使用专业金融理财顾问的比例远高于男性。在专业理财顾问的作用方面，女性也比男性有更高的认可度。换而言之，与男性相比，女性更愿意听从专业金融机构的意见。

男女的投资能力相当，没有优劣之分：一项基于性别差异视角下证券投资行为的研究报告分析发现，男女投资者的总收益并没有显著差异。在美国，一项针对散户投资者的研究发现，男性（特别是单身男性）的股票交易比女性更加频繁，而频繁交易带来的影响是更高的交易费用，或许也将导致更差的投资业绩。

> **风险提示**
>
> 投资者购买货币市场基金并不等于将资金作为存款存放在银行或者类似金融机构,基金管理人不保证基金一定盈利,也不保证最低收益。
>
> 以上观点不代表任何投资建议,市场有风险,基金投资需谨慎。

我用钓鱼的方式为家庭养"基"

(山东　林先生)

我小时候喜欢上蹿下跳,坐不住。父母为了培养我的专注力,让我选择画画和围棋作为爱好,而我却阴差阳错地喜欢上了钓鱼。钓鱼对于我的人生具有非凡的意义,不仅让我收获了钓上鱼后的小惊喜,让我对待事物有了更多的耐心,还是我投资路上的"指明灯",为我的家庭增添了一份保障和安心。

准备充足,方能胸有成竹

还记得我第一次去钓鱼的那天,父亲好像也对他小时候的"游戏"怀揣期待,所以我们准备得比较充分,鱼竿、主线、鱼钩等基本钓具以及饵料、小凳子、水桶等一应俱全后我们才出发。"工欲善其事,必先利其器",钓鱼如此,投资亦是如此。

相对来说,我算是较早开始关注基金的,第一次接触基金是在高中同学聚会上。当我作为家里顶梁柱,还在拿着"死工资"养活一家老小的时候,我的一个高中同学已经凭借炒股、买基金买齐了房子和车子。得知我也对此感兴趣之后,同学并没有拉着我去开账户,而是对我来了一番灵魂拷问:对股票足够了解吗?有胆量体验"过山车"吗?如果选专业人士帮自己管理基金，有足够耐心吗？经过多次交流和仔细考量，最后我决定购买基金，因为投资基金比起炒股相对于个人投资者更容易操作。这就好比钓鱼，在自己做好充分准备之后，还需要专业人士帮我选择水域和时机。

平常心态，静待花开花落

回忆起第一次钓鱼，至今仍让我记忆犹新的是，我一整天都坐在岸边的凳子上，眼睛一直盯着水面上的浮标和父亲手中的钓鱼竿，时不时地问父亲是否有鱼上钩。而随着时间一分一秒地过去，我的心情由兴奋到焦急再到失望，而最终我们也没有钓上鱼来。

我不否认，对基金的最初印象和目的，是寄托于能够让我一夜暴富。因此，在第一次买完某只股票基金之后，我经常过几分钟就看看账户和股市涨幅，每天一醒来就期待看到涨幅飙升，却始终不如意。最开始的几年，我一直在失望中积累经验。印象最深刻的是 2008 年，当时遭遇国际金融危机的资本市场一直不景气，大盘一直寻底，如同始终钓不上鱼。但幸好我放平心态并坚持下来，无论是钓鱼还是投资。

长线作战，时间积累收获

之后的很长一段时间，我们虽然偶尔能钓到小鱼小虾，但都没有大收获。看到我不耐烦且失望的神情，父亲对我说，之所以来钓鱼而不是去菜市场，就是因为钓鱼的乐趣在于表面看似平静，却要克服内心的波动；与此同时，面对意料之外的小收获，需要有坚持钓到大鱼的耐心和初心，还需要为大鱼上钩时的冷静操作积累足够经验。虽然当时我对父亲的这席话似懂非懂，但心态却在慢慢发生变化。

熬过 2008 年的大熊市，迎来了短暂的牛市，基金净值也相应水涨船高，终于遇到了"大鱼"，而在"溜鱼"的过程中需要考验自己的耐心。后来，随着历经 2011 年、2013 年、2015 年、2018 年以及 2019 年等多次牛熊转换，我的养"基"经验不断增加，也学会了在实践中长线养"基"。

牛短熊长是 A 股最大的特点，牛市短暂却来势汹汹，熊市"跌跌不休"且漫漫无期。总结下来，我对待投资特别是基金投资如同钓鱼，小鱼小虾相对容易钓到，想钓大鱼关键在于要建立长期理念。正如对家庭的呵护也是一种长期投资，不仅要学会把握机会，还要对自己的判断充满信心，并做到以平常心看待涨跌，投入持久的关注，"放长线，钓好鱼"。最终，就算不能收获"大鱼海棠"，也能欣赏到"荷塘月色"。

分析者言

说到长期，我们可以先从股市的角度来看。Wind 数据统计显示，从 2009 年 10 月 16 日收盘的 2976 点，到 2019 年 10 月 16 日收报 2977 点，看似只涨了一个点，但是其中也经历过 2015 年 6 月 12 日 5 178.19 点的牛市高点，再轮换到 2018 年 1 月 29 日 3 587.03 点的次高点。更何况，在这 10 年间，其他多数有代表性的指数整体均有不错的涨幅，具体见表 2-3。

表 2-3　2009 年 10 月 16 日—2019 年 10 月 16 日指数涨幅

指数名称	涨幅（%）
中证全指	29.20
沪深 300	21.00
中证 500	35.60
中证全指全收益	48.20
沪深 300 全收益	47.60
中证 500 全收益	47.50

再从公募基金的长期表现来看，银河证券基金研究中心数据显示（图 2-4），1998—2019 年一季度的 20 余年间，公募基金产品累计利润总额达 27 279.75 亿元，这意味着全体基金投资者全部时间内的整体收益是 27 279.75 亿元，体现出公募基金在专业化资产管理和创造长期投资价值方面的显著优势。

正如公募基金需长期坚守受人之托"初心"，继续成为价值投资的倡导

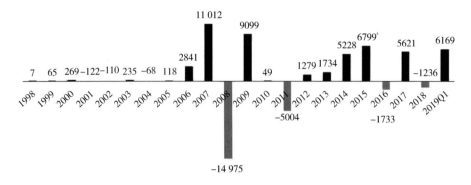

图 2-4　1998—2019 年一季度公募基金年度利润（亿元）

者，为广大普通投资者带来切实投资回报。对于投资者而言，在经历过各种股市风云之后，首先需要做到不慌不忙、不骄不躁，然后坚定信念，静待花开！

风险提示

以上观点不代表任何投资建议，市场有风险，基金投资需谨慎。

投资需要终生学习

（广西　黄先生）

前段时间，股市出现了一件很有意思的事儿，道琼斯指数狂泄 2000 多点，触发熔断。89 岁的股神巴菲特直言，有生之年没见过这样的场面，市场被"锤晕"了。

然而，2020 年的前 3 个月里，我们几乎每天都在经历这样的"有生之年"时间，每一次意外所产生的余波都让我们无法置身事外。投资之路是艰辛的，运气和实力缺一不可。我看过太多的悲剧在资本市场上演，也看过不少衣锦还乡的人。作为一个普通人，一切都要依靠自己的努力，一步一个脚印地走出来。

40年前，我出生于广西一个普通的农村家庭。通往我家乡的路途遥远，山路弯曲，树木茂密，一眼望去望不到头，一座山接着一座山。在我小的时候，这片土地上的人们都是日出而作日落而息，好像整个世界就只有这几座山围成的空间那么大。

这样的人生，似乎不存在什么惊喜。可是，谁不期待生命中能有一次改变带来的华丽转身呢？接下来发生的几件事情，彻底改变了我的人生轨迹……通过自己的努力，我走出了大山，考入沿海某城市的一所985大学。第一次知道炒股这件事，是在学校有机会参与的一个炒股大赛中，对于我来说，就像打开了一扇新世界的大门。第一个学期结束后，兴奋的我立即开立了一个证券账户，把自己的奖学金全部投入股市，想着能赚些钱寄回家里。结果，我这只股市小菜鸟被深深地"套"在其中，看着股价一天天下跌，奖学金所剩无几。

第一次投资的失败，给了我不小的打击。我开始反思自己的年轻浮躁，思考投资的本质到底是什么。有句老话说过，"久赌必输"，更何况当时的我根本没有一个清晰的投资者思维，对投资知识也只是了解一些皮毛，这样的投资必然是不堪一击的。于是，我开始去经济学院听课，浏览经济方面的网上论坛。在学校的图书馆，我阅读了巴菲特和芒格的大量著作，尝试从这些投资专家的经历中慢慢领会投资的要领。这个过程很漫长、很枯燥，但我越来越激动和兴奋，书中的内容对于我来说犹如"拨开云雾见天日"。

相对于股票来说，基金的风险更加可控，比较适合我这种初始资金不多的投资者。于是，我开始利用兼职赚到的钱投资基金，每个月投入200元，这笔钱就相当于我的存款。毕业参加工作后，我仍然保持着这个习惯，随着收入的提高，每月定投的资金也逐渐增加，1000元、2000元、3000元……33岁那年，股市开启了大牛市，我也赶上了时代的列车，那时自己想买房子，便果断卖出了自己投资的某基金9成以上的仓位，一周内付了首付。现在回想起来，自己"这场仗"打得很漂亮。现在我月收入4万元，仍然每月拿出 1/3 的收入做投资，我相信未来会越来越好。

从我的投资经历来看，我认为投资就是一个理性判断的过程，投资能力的提高就是决策力和判断力提高的过程，投资重在实践，实践才能出真知。从初次接触投资到有一定的投资经验，这个过程中总会经历各种质疑和波折，一定要提高自己承受波动的能力，不要惧怕一两次失败，虽然失败带来的打击可能是极其痛苦的，但也是你成长道路上最好的"养料"。如果能把握住波动的机会，坚定信心，择机买入，未来会带给你丰厚的回报。

最后，我要致敬那些投资界的先行者，他们的投资智慧如灯塔一般照亮了我前行的道路，帮助我从那个小山村走到今天，继续欣赏余生投资道路的风景。

分析者言

投资是一件需要终生学习的事。根据基金个人投资者投资情况调查问卷（2018 年度）统计（图 2-5），仅有 39.70% 的基金个人投资者在学校中接受过与金融相关的教育，占比不到一半。此外，通过自学金融教材和书籍的方式获得金融知识的个人投资者占 31.90%。值得注意的是，28.40% 的投资者没有接受过或者自学过任何与金融相关的教育或课程。

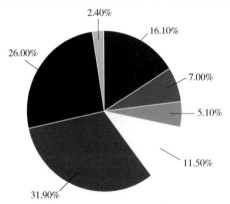

图 2-5　基金投资者接受金融有关教育的情况

注：资料来源于基金个人投资者投资情况调查问卷（2018 年度）。

也许这部分没有接受过金融知识的投资者,会经历比别人更多的挫折。一方面,时代在进步,科技在发展,想要判断投资市场的发展趋势,必须要有最新的知识储备,并不断更新自己的知识体系,只有这样才能对最新的企业和商业模式做出判断,挑选到优质的产品;另一方面,通过不断学习可以保持自己敏锐的思维,遇到市场紧急情况时不至于过分恐慌,能够更加理性地看待市场。

投资要不惧失败,一次失败的投资恰好是自己最好的老师,在吸取经验的同时,我们还要进行深刻的反省,只有这样才能拥有更加清晰的认知,让自己更有能力看懂不断变化的市场。

风险提示

基金定期定额投资并不等同于零存整取等储蓄方式,定期定额投资并不能规避基金投资所固有的风险,不能保证投资人获得收益,也不是替代储蓄的等效理财方式。

以上观点不代表任何投资建议,市场有风险,基金投资需谨慎。

第三章
坚持·任尔东西南北风

我相信A股明天更美好

（江苏　单先生）

弹指一挥间，我走上工作岗位已20余年，距离购买第一只基金也已过去19年。我时常会反思，自己这些年为投资付出的时间、精力和金钱到底值不值？从小我就对财经类新闻比较感兴趣，经常收听收看一些财经类节目。刚参加工作的时候，我的工资很低，觉得通过投资能达到财富保值增值的目的。

你的"姿势"决定你的成果

我于2001年前后买入人生第一只基金，之后开始如饥似渴地学习各类基金知识，试图探索寻找基金投资的财富密码。从基金类型到各类数值的含义，从基金季报到年报的阅读，从老十家基金到后来数十家，我几乎可以说出每一家基金公司的旗舰产品。这期间，我也确实迷茫过、失望过，如2001—2005年基金大跌50%；当然也有喜悦，如2006—2007年基金涨了3～5倍。2012年，我开始定投基金。平时也会在各大论坛看到有小伙伴问：我定投或持有一年多为何还是同样亏损？在我看来，他们还没有掌握正确的"姿势"，因为做任何事情都需要时间的积累。

数据说话偏股基金优势明显

为何我会对权益产品投资乐此不疲？数据表明，黄金长期年化收益约

3%，工资增长幅度长期年化约 3%，我国一线城市房价涨幅长期年化约 10%，道琼斯指数长期年化收益约 10%。但是过去的公募基金 23 年，偏股基金整体取得了长期年化 15% 左右的收益，再次坚定了我选择权益产品投资这条路的信念。在我这 19 年的投资历程中，既有基金，也有股票，但是基金整体收益远远高于股票。我想还是基金比较容易坚持长期投资，反而相对容易赚钱。

外资入场投资环境不断改善

我对 A 股有信心，这种信心来自我 19 年的投资经验和不断改善的市场环境。虽然 A 股不乏一些"讲故事"炒作的企业，但整体而言，A 股大部分上市公司的经营状况都是优质的，A 股的投资者结构也日益改善。尤其是随着 MSCI 指数提高 A 股权重，纳入因子从 5% 增加至 20% 后，有望带来 4000 多亿元的资金增量。

长期来看，由于市场更加注重长期持有的境外机构投资者数量增加，有可能会显著改善 A 股的高波动性。因为 MSCI 指数成分股都是 A 股最优质的 400 多只股票，当优质筹码不断被长期资金锁定后，波动性必然下降。MSCI 指数话语权不断加大，也会显著改善 A 股的投资氛围。以前 A 股重题材重炒作，由于 MSCI 指数话语权不断加大，大概率会向价值投资不断靠近，从而达到抑制"炒小炒新"的趋势，所以目前仍是布局 A 股的好时机。

我相信 A 股的明天会更好。

分析者言

中国银河证券基金研究中心数据显示（图3-1），截至 2020 年 3 月 31 日，公募基金持有 A 股市值 25 405.06 亿元。同时，境外投资者境内持股近年来持续攀升，目前持股市值为 18 873.78 亿元。可以看到，境外投资者已经和公募基金一样成为 A 股市场中非常重要的机构投资者。

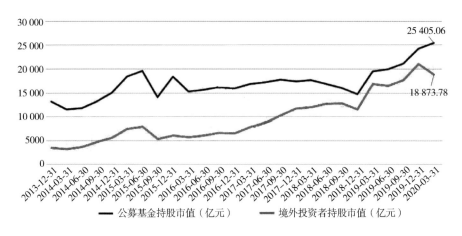

图 3-1　境外投资者持有 A 股市值与公募基金的比较

注：数据来源于中国银河证券基金研究中心（数据截止日期：2020 年 3 月 31 日）。

2020 年 5 月 7 日，中国人民银行、国家外汇管理局发布《境外机构投资者境内证券期货投资资金管理规定》，明确并简化境外机构投资者境内证券期货投资资金管理要求，落实取消合格的境外机构投资者（QFII）和人民币合格境外机构投资者（RQFII）境内证券投资额度管理要求，进一步便利境外投资者参与我国金融市场。

业界普遍认为，从全球范围来看，中国资本市场表现出更强的稳定性，渐成世界"避风港"。中国人民银行这一举措，将有利于外资机构投资进一步加大投资包括 A 股在内的国内证券市场，也有利于 A 股进一步全面地纳入明晟（MSCI）等国际指数，引入更多国际资金入注 A 股，A 股长期投资价值显现。

风险提示

以上观点不代表任何投资建议，市场有风险，基金投资需谨慎。

我与基金 10 年间

（山东　姜女士）

我与公募基金的结识，始于 2010 年年初我买入的一只混合型绩优基金。也就是从那年开始，我开始进入资本市场，逐渐接触基金理财。弹指一挥间，10 年的光阴匆匆而过，基金伴随我一路走过，期间我经历了从懵懂到成熟、从青涩到稳重的蜕变。从"乱云飞渡"的局面，到"穿林打叶"的境遇，再到"长空万里"的壮志，越来越多像我这样的投资者在基金投资中收获成长、收获信心。

"乱云飞渡"，仍需"从容面对"

当年，初入资本市场的我面对纷繁复杂的环境一头雾水，不知所措。资本市场每时每刻都在变化，投资者必须及时了解市场动向、适应市场发展、灵活应对市场变化，这是投资的重要前提。而资本市场从来不缺乏信息，各个门类的、各种渠道的消息让人眼花缭乱。面对"乱云飞渡"般繁复的信息资讯，如何有效地采集信息、界定信息的有效性及来源范围？

我身边的投资者有的自己"闭门造车"研判推断，有的四处探听所谓的内幕消息，几番奔波之后，收效都不大。我的选择是在口碑好、专业强的基金公司自媒体平台获取知识和资讯。这些基金公司在基金投资信息的遴选与分析中做了许多积极的工作，如网站主页中的"今日头条""投研观点"等板块带领我们追踪业界专家观点、了解行业最新动向，"定投学院""理财课堂"帮助我们培养良好的理财习惯、树立理性投资心态；微信公众号、微博则在每日第一时间奉上全面、权威的财经资讯"大餐"。

基金公司自媒体平台的各档栏目在不同的时段、以不同的方式传授给身处信息大潮中的投资者以慧眼和胆识，教给其耐心和细心，因材施教般指导、启迪每个投资者有所考虑、有所顿悟，继而有所行动。正所谓在"暮色苍茫"中引领投资者看清前途，在"乱云飞渡"中引导投资者从容面对，继而领略一个个"险峰"处的无限风光。

"穿林打叶"，胜似"闲庭信步"

不仅信息资讯繁复，资本市场也变化无常。比如，2018年的美联储加息、中美贸易环境变化，都加剧了股市的波动，我周边不少投资者当时都惶惶不安。彼时，基金公司秉持"持有人利益为先"，借用巴菲特的名言忠告投资者，要在别人恐惧时贪婪，在别人贪婪时恐惧。许多人就是因为上涨时贪婪，下跌时恐惧，做了多年的投资始终不得要领。

后来的市场表现，特别是能守到2019年春节后的投资者应该都见证了心态的重要性。事实证明，磨炼心态，历练心智，即使不学巴菲特的贪婪和恐惧，也可效仿苏东坡"莫听穿林打叶声"的定力和"何妨吟啸且徐行"的从容，以理性的心态面对投资路上的风云变幻。

"长空万里"，定当"乘风好去"

比起单纯的财富积累，更重要的是理财经验的积累。在与基金一路相伴的投资路上，我有过财富增值时的欣慰，有过资产缩水时的叹息，也有过前景不明时的茫然，但更多的则是伴随经济的发展，自身投资知识、理财经验、投资心态的充实与丰富。

我与基金相伴的10年时间，说短也短，说长也长。时间是财富的最大盟友，投资理财的第一大原则就是要尽早理财，并坚持长期投资。投资是一场考验耐心与恒心的长跑，唯有在坚守中静候、在静候中坚守的人，才有可能收获经验的积累和财富的增长。

多年来，不少投资者像我一样与基金相伴，随着大盘的涨跌起伏、股市的红绿演绎，在坚守中期待希望，在守望中赢取财富。相信很多投资者与我一样，内心深处始终有 3 种期待：一种是对国家经济更好、更快发展的期待；一种是对未来美好生活的期待；一种是对手中所持基金未来更好表现的期待。日子就在这些期待中，一天天、一年年，有滋有味、稳步地展开与推进着。

辛弃疾《太常引》有云："乘风好去，长空万里，直下看山河。"在新时代的浩荡春风里，希望公募基金站稳脚跟再发力，带领我们乘风好去谋未来。

分析者言

古今之成大事业、大学问者，必经过三重境："昨夜西风凋碧树，独上高楼，望尽天涯路"，此第一境也；"衣带渐宽终不悔，为伊消得人憔悴"，此第二境也；"众里寻他千百度，回头蓦见，那人正在灯火阑珊处"，此第三境也。

此三重境亦适用于基金投资。

基金初尝之际，市场牛熊震荡纷至沓来，各色流言肆起，投资新人在贪婪和恐惧的情绪中惴惴不安，感觉前路茫茫，唯有惦记心中"财务自由的彼岸"而咬牙坚持。

随着基金持有时间的增长，股市的起伏、净值的涨跌已然适应，对于标的市场和风险有了理性的认知，对于长期投资不断认可，勇敢拒绝市场噪声，患得患失的情绪不断减弱。

历经完整市场激荡磨炼，对于基金投资有了足够的经验、技能和心灵智慧，对于基金专业团队理财信心十足，耐得住寂寞，时间的"玫瑰"已然徐徐绽放。

风险提示

以上观点不代表任何投资建议，市场有风险，基金投资需谨慎。

投资"四重奏"——我的15年投资路

（河南　文先生）

序曲：轻仓——投资海岸线

2005年，我认购了人生第一只基金（0.5万元）。在此之前，我已关注股市10年。2006年，我继续认购了第一只基金所在公司旗下的另一种产品（0.5万元）。当时，股灾阴影尚在，大家急于落袋为安，纷纷抛售。我坚持股神巴菲特"长期价值投资"的理念，继续持有。当时，基金处于生长期，基民规模还小。

2007年，出现了银行门口排队买基金的盛况，也出现了按比例限购基金的情况。我的一位同事筹款18万元认购，中签2万元。而这一年，我的基金账户发生额为0。

主题曲：重仓——投资深水区

2008年，基金销售冰火两重天，出现困难局面。我认购了3只基金，各1万元。事后方知，建仓期恰遇此轮股市大底1664点。

2009年，我继续投资了3只基金，金额依次为2万元、3万元、3万元。前两只分别是指数、LOF产品。我一位炒股亏损的同事询问我如何投资基金，我给出建议后，他开始定投基金。他说："有邻居炒股，15万元没了。还是买点基金好。"

2010年，我继续投资了3只基金，金额依次为0.5万元、0.2万元、0.2万元。首只是QDII产品，后两只是定投产品。次年，我认购了1只ETF联接产品基金，金额为2万元。

插曲：空仓——投资诈骗区

2012—2014 年，我的基金账户发生额为 0。2014 年，我投资 TD 银，成绩差。从这一年起，诈骗电话增多，推荐现货金、银、铜、石油、沥青、天然气、邮币卡、外汇、茶叶等五花八门的产品，鼓吹拥有国家正规牌照、银行托管资金、公司实力雄厚、老师水平高超、高薪聘请美国华尔街投行人士、现代最流行投资品、很多人赚得盆满钵满等。更有甚者，拉家常、攀老乡、交朋友，甚至威胁恐吓漫骂，无所不用其极，我一概驳回。

这些诈骗电话使我深深觉得，投资需定力。这期间，2009 年那位询问我投资基金的同事（已调走）给我打电话了解情况，我建议继续持有。

华丽 solo：多策略——投资蓝海区

我知道基金只有"长期投资、价值投资"方可显其本性，但我就喜欢特立独行的用期货方法炒基金，按乒乓球运动术语来说就是打"短、平、快"，投资 10 多个，最好收益 40%。

2017 年 2 月，我将前年清仓仅余的 QDII 产品抛售，收益约 20%。此时，我的基金池有 33 只基金，全是股票型、混合型，细分有指数、LOF、QDII、FOF、主题、分级、ETF 联接类产品。我认为，我的基金池相当于 FOF 基金。

我从 2005 年开始投资基金，至今已有 15 年。期间，我一直在关注基金产品，从未远离。今后，我会"牵手"更多优秀的基金！

分析者言

犹记得最早一批的基金投资者，一些人身上带着比较深刻的"投机烙印"：会把公募基金当作与股票非常类似的投资品种，认为"基金价格和股票价格一样，买的人多就会涨，卖的人多就会跌"；倾向于追涨杀跌、快进快出，却很少考虑投资目标、长期的投资规划和自身的风险承受能力；对公募基金等专业机构缺乏信任；更倾向单一投资，缺乏组合投资、分散风险的认知……

多年来，伴随着基金产品和服务的不断丰富和完善，以及对基金投资认识和体验的不断深入，基金持有人的投资理念也在不断升华，由最初的盲目到现在的理性，由最初的四处投机到现在的长期价值投资，由最初的贪婪、恐惧到现在的坚强、沉着，基金投资者逐渐掌握了基金理财的精髓。

依据中国证券投资基金业协会《基金个人投资者投资情况调查问卷（2018年度）》数据分析可知，有超过55%的投资者对自身与基金公司之间的关系认知更为理性，他们对"契约关系"普遍认同，即基金公司应按基金合同管理投资者的资产，而投资者则承担相应投资风险并享有投资收益；相比于往年，2018年度调研结果反映了更多的投资者选择信任基金，更多的投资者认为基金具有优势，对基金公司保护持有人利益的表现、基金公司提供的客户服务持满意态度。

风险提示

基金定期定额投资并不等同于零存整取等储蓄方式，定期定额投资并不能规避基金投资所固有的风险，不能保证投资人获得收益，也不是替代储蓄的等效理财方式。

以上观点不代表任何投资建议，市场有风险，基金投资需谨慎。

因为坚持，我看淡所谓的"历史"

（广东　何先生）

在写这篇感悟时，我和所有投资者一起见证了一小段历史——美股在两周之内四次熔断。追溯到美股首次熔断，还是在20多年前的1997年，当时的我还在上小学，而如今已是有着10多年投资经验的"老人"了。而比起美股，我可能更有资格说说自己这些年所经历的 A 股，更确切地说是基金投资背后的 A 股。

一次启，常相伴

2009 年，我大学毕业后加入"北漂族"，和大多数刚刚迈入社会的大学生一样，每月的工资需要应对房租、交通、日常生活等一连串挑战。在和公司前辈的一次聊天中，我认识了存款储蓄之外的理财方式，进而体验到基金投资的魅力和收获，以至于尽管后来自己离职创业，也始终没丢弃"基金投资"这个默契搭档。正如作为阿森纳球迷的我有着"once a gunner, always a gunner"（一日枪手，终身枪手）的信念，和基金投资也慢慢建立了亲密关系。

找一家专业基金公司管家帮助自己赚钱，这无疑是一种既简单又安心的方式。在同事推荐下，我开始购买货币基金，后来逐渐进阶，陆续购买了些债券基金、混合基金以及股票基金等。

与 A 股和基金投资的爱恨情仇

对于 A 股的初印象也是在 2009 年。当时，周围人一直谈论着"6124 点 2 周年纪念日"——2007 年 10 月 16 日，上证综指冲顶至 6 124.04 点，创下历史新高。

与 2008 年权益类基金比较惨淡而固定收益类基金表现可圈可点不同，2009 年股票市场上涨，权益类基金收获颇丰。不久，我便抱着小试牛刀的想法直接跨级买了一只混合基金。可谁曾想，接下来的两年，A 股进入新一轮熊市调整。尤其是 2011 年，公募基金几乎全面亏损。我开始不淡定了，甚至逃避和无视。而现在想来，那或许也是应对股市大跌时的好方式。2012—2014 年，大盘震荡，直到 2015 年才迎来大牛市，公募基金哼起丰收赞歌，我投资的几只基金产品不仅早早回本，而且红彤彤一片。但此刻的我对此早已看淡，仍一如既往地按照之前的既定计划进行，而非在牛市"增新加旧"。

之后，我又见证了 2016 年的股市大跌、2019 年的震荡上行等，同时获得了满足感。

学会和时间做朋友

其实谈到收获，投资基金的这些年给了我足够的物质回报，但精神领悟是我更想与大家分享的。从 2009 年到现在，我也算是经历过多轮大盘上涨、下跌、震荡的历史趋势；购买的基金种类，也从一开始的低风险货币，逐渐到混合、债券、股票和指数基金等多种类型；挑选产品的标准，从一开始的朋友推荐、自我感觉，发展到学会逆周期投资、长期投资、选投资业绩优异且稳定的基金组合以及关注基金公司整体投研管理等综合实力。

正如资本市场上常见的一句话："学会和时间做朋友"。

时间，书写出了中国经济和股市的美好画卷！时间，也给了我成长和坚持的空间。

◣ 分析者言

A 股已有 30 年左右历史，始终处于牛短熊长态势中，并不断轮换，中等周期一般是 3~5 年，大周期是 10 年左右。

中国公募基金发展至今也已逾 20 年，与 A 股有着密不可分的关系。例如，公募基金规模在历史上有两次大爆发，均伴随着牛市。

第一次：2007 年上证综指涨幅 96.66%，公募基金规模增长至 2006 年年底的 3.82 倍。

第二次：2014 下半年至 2015 年上半年，上证综指上涨 90.15%，2015 年基金市场的总资产规模较 2014 年年底增幅达 87.59%。

2009—2019 年：从公募基金管理人数量上，2009 年全国只有 70 家公募基金公司，截至 2019 年公募基金数量已增加至 147 家。

2009—2019 年基金新产品成立情况如图 3-2 所示，开放式基金总规模变化如图 3-3 所示。

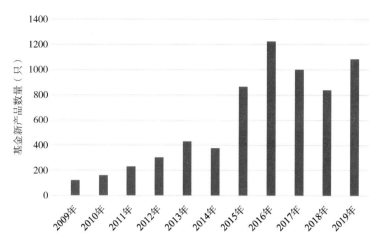

图 3-2　2009—2019 年基金新产品成立情况

注：数据来源于 choice（数据截止日期：2019 年 12 月 28 日）。

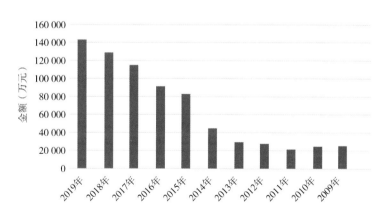

图 3-3　2009—2019 年开放式基金总规模变化

注：数据来源于 choice（数据截止日期：2019 年 12 月 28 日）。

基金新产品成立数量和基金总规模也可从侧面反映出市场行情以及投资者情绪变化。例如，基金新产品成立数量从 2015 年牛市开始井喷式，2017 年、2018 年的数量相对减少，2019 年新增突破千只，达到历史最高值。

2008—2019 年，公募基金行业无论是在规模、数量还是创新方面都有显著变化，而 A 股市场虽历经多次转换，但长期看拥有较好向上空间。

对于投资者而言,要有逆境中抗压和独立思考能力,减少情绪化和阶段性错误操作,特别是多次经历股市涨跌起伏,通过专业投资管理人和时间力量收获的投资者,往往更能抗住外界干扰,坚持做到不忘初心。

风险提示

投资者购买货币市场基金并不等于将资金作为存款存放在银行或者类似金融机构,基金管理人不保证基金一定盈利,也不保证最低收益。

以上观点不代表任何投资建议,市场有风险,基金投资需谨慎。

很久以后,我终于成了一只特立独行的"羊"

(湖北 宁女士)

曾经,我也是投资市场中的一只"羊"。"羊群"往哪跑,我就往哪钻。

不仅如此,有段时间我还迷恋上 QQ 群的各种投资大神和所谓的"小道消息"。可想而知,这段时期的各种"操作猛如虎",不仅没有带来预想中的收益,反而把本金亏得七七八八。

此时又恰逢我在生二胎,这种瞒着家里人炒股且亏损的压力,加上接踵而至的生活压力,几乎让我喘不过气。经过无数个夜晚的失眠、无数次的辗转反侧后,我终于痛定思痛,下决心清仓了剩余的股票,不再妄想翻本。

此后有两三年的时间,我除了买一些银行理财、货币基金,再也没碰过其他投资产品。

转机是发生在 2018 年,我碰上了一个老朋友。在与他的聊天中我才明白,我前期之所以有那么大的亏损,最大的问题就是我一直想着赚大钱,这也恰恰是大多数散户亏钱的主要原因。这样做的最终结果就是我们成为"羊群中的羊",失去了自己的判断,一有风吹草动就仓皇逃窜,"随大流"的结果就只有成为"被割的韭菜"这个唯一的结局。

因此,我下定决心想改变自己的"身份",不再当一只人云亦云的"羊"!

不再当一只"跟随羊群的羊",我是先从改变自己的思维开始的。我开始学着用"富人思维"看待问题。之前我每日都在看收益情况,所以忽视了长远展望。而用"富人思维"就是要用1年甚至10年的维度来思考及规划。Think Long = Think Big,只有看得足够远,才能用长期的视角来规划自己的投资,进而规划自己的人生。使用"富人思维"的方式,也使我看清了自己的局限,明白了投资中要相信专业投资人长期创造价值的能力。

2018年年中,我又开启了我的投资之路。这回,我选择购买基金产品。

在投资中,我通过在基金公司App中进行的测评确定了自己稳健平衡型的风格。然后,我按照专家建议配置好了自己的基金组合配置,见表3-1。

表3-1 基金组合配置

配置类型	配置比例
货币型基金	20%
债券型基金	35%
混合型基金	30%
股票型基金	15%

"春有百花秋有月,夏有凉风冬有雪。"虽然在2018年的市场震荡起伏中,我也有过动摇,很想将权益类资产处理掉,但我更坚信顶级投资大师霍华德·马克斯在《投资最重要的事》中说过的一句话:"多数伟大的投资都是从不安开始的。"最终,通过在不安中坚持自我、独立决定,我终于摆脱了"羊"的属性,赢得了长期的光明。截至目前,我投资的资产组合已经累计获得了超过30%的收益。虽然这其中有搭上了2019年市场整体上行"顺风车"的因素,但我更认为这是由于我前期独立思考、坚持不懈得到的"奖赏"。

在这些投资组合中,我相对比较偏爱的是混合型基金。对我来说,混合型基金更像一个攻可进、退可守的存在。这种基金可以根据市场行情，在一定程度上灵活调整仓位情况：在股票市场行情好时，投资于股票，获得较好的收益；在市场行情不好时，降低股票类资产的仓位，等待时机布局；在等待中，也可以在一定程度上配置债券等资产，获取较为稳健的回报。如果选得好，部分混合型基金的收益也是很可观的。

"宠辱不惊，看庭前花开花落；去留无意，望天上云卷云舒。"这是我这两年来最常有的心态，将资金交给专业的基金公司管理，我在获得长期较好投资回报的同时，也收获了更宝贵的东西，那就是时间。由于减少了投资中频繁短线操作及研究的时间，我可以有更多的时间陪着家人，看着两个孩子慢慢长大，不再缺席他们成长中的精彩瞬间，这给了我莫大的幸福感！

投资即修行，投资即生活。在投资中，我不断成长。

这就是我，一只"羊"的自我救赎之路。

分析者言

在电影《1942》中，张国立饰演的地主在逃荒路上说道："等到了陕西，立住脚就好办了，我知道怎么从一个穷人变成财主。不出 10 年，你大爷我还是东家。"

这句话虽然带着那个时代特有的烙印，但在一定程度上为我们展示了"富人思维"。从影片回归到现实生活中，我们也需要用"富人思维"看待投资问题。

使用"富人思维"的第一步是我们要尽量看得长远。只有看得足够长远，才有可能获得更高收益。对于拥有"富人思维"的投资者来说，他们追求的通常不是短期暴利，而是长期稳定的回报。因为他们知道，只要付出时间，优质的投资标的终会有较好的回报。

正如投资大师巴菲特所说："在长期投资中，没有任何因素比时间更具有影响力。随着时间的延续，复利的力量将发挥巨大的作用，为投资者实现巨额的税后收益。"而 2020 年他在致股东的信中，也向我们展示了长期投资而带来的亮眼的投资业绩。1965—2019 年的 55 年间，伯克希尔的复合年收益率高达 20.30%，而同期标普 500 指数的年化收益率 10%。1964—2019 年，伯克希尔的整体增长率是惊人的 2 744 062%，而标普 500 指数为 19 784%。

看到股神巴菲特的投资业绩，你可能觉得与我们关联不大，那我们再来看国内市场权益基金的长期业绩表现。中国银河证券基金研究中心发布的《中国不同类型公募基金长期业绩评价报告》中显示（表3-2），截至 2020 年 3 月 31 日，在 2005 年 4 月 1 日—2020 年 3 月 31 日的 15 年间，普通偏股型基金（A 类）业绩指数收益率 556.21%，年化收益率为 13.35%；封闭式偏股型基金业绩指数收益率达 675.40%，年化收益率 14.62%。

表3-2　中国公募基金业绩指数长期业绩评价

序号	系列基金业绩指数代码	中国银河证券·系列基金业绩指数名称	指数基期	期间收益率（%）	期间年化收益率（%）
1	2.1.3	普通偏股型基金（A 类）业绩指数	2003 年 2 月 7 日	556.21	13.35
2	2.20.1	封闭式偏股型基金业绩指数	1999 年 8 月 13 日	675.40	14.62
3	3.2.1	普通债券型基金（可投转债）（A 类）业绩指数	2004 年 3 月 5 日	174.70	6.96

注：1. 数据来源于中国银河证券基金研究中心。

2. 统计区间为 2005 年 4 月 1 日—2020 年 3 月 31 日。

由此可见，无论是股神巴菲特的投资，还是国内权益市场的表现，都为我们展示了长期投资的价值。

在投资中想拥有"富人思维"，既要求我们坚持长期投资的原则，又要求我们避免赌博性的投资方式，合理使用概率权——跳出本能看见概率，并尽可能将这个概率落实下来，变成财富。

富人思维者看重概率权，投资中或者人生中遇到的每一步决策，只要是在概率上有优势，就会尽可能地去投入。而且，不同于穷人思维者赌博性的决策行为，富人思维者在做决定前，会通过有效而充足的信息对行业的整体前景、公司的经营情况、未来的风险情况等进行精密计算，进而制订一个审慎的投资计划。所以，富人思维者不是在赌博，而是在计算。在计算之前，他们也会通过学习提升自己的认知水平，克服自己与生俱来的本能，认识概率，掌握概率。

通过这样一次次精密的决策及长期的坚守，富人思维者走向了越来越广阔的未来。

风险提示

投资者购买货币市场基金并不等于将资金作为存款存放在银行或者类似金融机构，基金管理人不保证基金一定盈利，也不保证最低收益。

以上观点不代表任何投资建议，市场有风险，基金投资需谨慎。

20年见证者的自述：
品一勺岁月轮换的味道

（北京　范先生）

"行到水穷处，坐看云起时。"这是我最喜欢的一句诗词，来源于王维的《终南别业》。这句诗词体现的是退隐者豁达的性格和自得其乐的闲适情趣，而我也把它当作为人处世的信条和对即将开始的退休生活的向往。

前几日，闲来无事，我重温了一部经典港剧《大时代》，开头的跳楼场景和贯穿全剧的"丁蟹效应"让我感触颇深。在剧中，股票可以是"梦想的工具"，让人一夜暴富；也可以是"杀人的武器"，让人倾家荡产。而这一切的一切，作为一个过来人而言，我认为这无外乎是我们当初把股市错当成了六亲不认的"欲望屠场"。

《大时代》主人公之一丁蟹，经常在股市疯狂上涨时低价抛售股票，也依靠接连的好运气做空恒生指数期货，累积数十亿元资产。比如，1987年全球股灾，股市从3992点瞬间急泄400点，大部分人都亏得跳楼，唯独丁蟹的"五蟹集团"赚得盆满钵满；还有一次他将自己公司股票从1.80元抛空至收市的1毫，趁低吸纳，结果一日狂赚20亿元。但好运气不是一直都有的，他最后还是落得全家跳楼的结局。

说起这部电视剧，当然不是为了告诫大家永远不接触股票等投资方式，而是联想到自己的投资经历不由心生感慨。

回忆起我国近几十年的投资热潮，20世纪80年代流行"下海"，90年代炒股；21世纪的这20年"炒房""炒鞋"成为热门，大部分我都亲身参与过。年轻时为了新鲜感，带着一股闯劲儿，总想出人头地，因而也风光过，更失落过。

说起基金投资，当初我也是凭借自己对股票的了解而甘愿做"先吃螃蟹"的人。记得基金刚出现时，我拿着2000元现金怀着忐忑和期待的心情迈进银行，在柜台填写购买基金交易凭证的时候，其他人的围观和银行工作者略不熟悉的操作让我印象深刻。最开始的那几年，基金还处于发行相对困难期，对于大多数人来说基金还是一个较为新颖的事物，而我也是根据得到的有限信息大胆尝试。

随着经济和社会的快速发展，传播技术等不断得到革新，人们的财商进一步提高，基金的神秘面纱也慢慢揭开。这时，我对基金的了解也在进一步加深，并逐渐积累了一些投资经验。

我对2007年的大牛市印象深刻，当股市达到6000点时，新基金的发行火热，仅一天就会有数百亿元资金购买加持。我自己持有的基金回报也是水涨船高，算是真正意义上体会到了耕耘后丰收的喜悦。说到牛市，除了2007年，2015年也值得一提，虽然当时我早已没有了2007年的那般激动，但账户上如此顺眼的数字还是让我不禁嘴角上扬。

说完牛市，当然也要重点提一下让我更加刻骨铭心的熊市。2007年正是市场牛气冲天的时候，A 股在 5 月 29 日冲上 4 335.96 高点。可谁曾想第二天，也就是从 5 月 30 日开始，上证指数从 4334 点暴挫至 3404 点，短短 5 个交易日跌幅近千点。还记得 5 月 30 日那天，当时无论是"股票群"还是"基友群"都在连连叫惨，大家都在考虑要不要止损。我也如热锅上的蚂蚁慌乱不已，实在是想不通明明大好趋势为何一夜变脸，但真要打开账户进行操作的那一刻，我却总是下不了决心，最后还是决定先看看专业人士的解读。我通过上网查资料和观看各种财经节目资讯进一步了解到，当时有大量专业机构都在强调调高印花税是突然举措，公众的情绪化和不理智操作是造成股市大跌的主要原因，在宏观经济基本面向好的背景下，这种超跌是不可能持久的。这坚定了我保持观望的决心。后来到了 8 月、10 月，市场接连上涨至 5000 点、6000 点，印证了我当时选择的正确性，更真正开启了我的投资纪律性。

首先，股市是不断变化的，而我国经济发展向好的趋势是不变的。市场牛熊无常，但要始终相信长期的力量和美好。说到底，无论是投资 A 股还是基金，反映的都是对中国经济长期向好的信心。

其次，中期的坚持非常重要。中期向好过程中的短暂下跌，以及中期下跌过程中的阶段上涨，通常是"偶尔性"趋势，不应成为影响操作的主要因素。

再次，无论是上涨还是下跌，都要给自己设定一个数值，这个数值不一定是真要进行操作，而是心理预期值，也是间接构建理性投资操作习惯。

最后，投资不仅是对投资能力的考验，更是对自我性格和心理状态的磨炼，需淡看眼前风云、立志坚韧心灵，坚持自我。

到现在，我已有 20 多年的基金投资经验。随着年龄和阅历的增长，我早已不是当初的毛头小伙，只懂得一味地追赶潮流，而是更加珍惜岁月给我的沉淀。

正如我一直坚持的投资纪律，对于基金，我不认为它是一个可以让我们瞬间发财的"神器"，而是需要长期陪伴的"人生知己"。市场或好基金也许会一时遭遇逆风，但从长期来看仍会给我们创造回报，让我们体会到人生旅程的意义，促进我们真正成长。

众里寻他千百度。蓦然回首，最美在灯火阑珊处。

分析者言

"坚持就是胜利",这句话不仅可以成为人生信条,同样适用于投资。

Wind 数据显示,截至 2020 年 3 月 31 日,在全市场 3549 只成立时间满 3 年的基金中(A/B/C 分开计算),有 2960 只基金近 1 年收益率为正,占比 83.62%;有 3022 只基金近 3 年收益率为正,占比 85.15%;有 3125 只基金成立以来收益率为正,占比为 88.53%。可见,尽管历经多次熊牛转换,公募基金的长期赚钱效应愈发明显。

熊牛转换是市场常态,不变的是内心的坚持。只要相信长期向好,在下跌困境中仍理性坚持,就更有希望看到风雨后的彩虹。

风险提示

以上观点不代表任何投资建议,市场有风险,基金投资需谨慎。

"基"场 12 年启示录

(辽宁　王先生)

作为一名多年参与股票和基金投资的投资老散户,我依稀记得当年自己结婚之后的意气风发,抱着一颗并不敬畏市场的心开始了投资实战,根本不听他人的劝阻。而当时恰好遇到 2006 年到 2007 年的那波牛市,当时的我以为投资就是如此简单。转过头来 2008 年的折戟让我一下子清醒了过来,那是我第一次觉得 K 线图原来可以走得这么难看。

2008 年的股市重创让我开始接触基金投资。当时,很多基金公司已经开始鼓励大家定投了,我也是抱着试一试的心态参与,结果一试就是十几年。作为一个有着十几年投"基"经历的老散户,我想我应该比很多人都更明白长期投资的力量有多大。

这十几年，满打满算我买的基金产品不超过 10 只。如果说我一开始买基金只是为了给我在股票投资的受挫找一个替代品，那么这么多年下来，我发现基金投资已经深刻地融入我的生活，与我合二为一了。

我的基金投资首秀是在 2008 年北京奥运会之后，当时借着我国奥运健儿取得好成绩的喜气，我踏入了定投的道路，每个月月初定投 200 元。不知不觉坚持了 9 个月之后，我承认我"贪婪"了，将每个月的投入金额提升至 500 元，并持续投入了 14 期。到 2010 年 4 月，我又将每月金额从 500 元增加到 1000 元，并在 2010 年 10 月增加到了 1500 元。

这是我投资时间最长的一只基金，前后历时 7 年。在这 7 年中，有 11 个月由于各种原因没有及时扣款，使得最终总计定投 73 期，总投入为 6.03 万元。2015 年 6 月，我赎回了这只基金，赎回时的市值为 10.29 万元，总收益为 4.26 万元。简单地算了一下，收益率大致为 70.65%。

这 7 年可以说让我真正知道了基金投资的乐趣，虽然再也没有遇到类似 2006 年和 2007 年的牛市，而且在这期间我也曾有过犹豫、有过挣扎，受到过家人的误解，以至于获得一点收益的时候我想过全都赎回就此收手，但是一旦你坚持下来就会发现，上天对于每个人都是公平的。

当然了，对于这十几年的投"基"经验，我也对自己进行了一些反思和总结。

首先，我认为指数产品是相对省心的选择，特别是在市场点位处于较低位置的时候。买指数基金最需要的就是等待，也就是所谓的"用时间换空间"，它不仅方便投资者随时了解和追踪，也能规避基金经理主动选股踏错板块节奏带来的损失。

其次，如果选择主动管理型产品，就尽量选择基金公司的明星产品。这些明星产品往往有着较出色的业绩，所选派的基金经理经验也较为丰富。

最后，把握好卖出时机。虽然我是长期投资的拥护者，但我并不鼓励盲目持有。从我过往的经历来看，其实是可以通过设置一些止盈比例来锁定收益的，如 30%、50%、100%。

分析者言

海通证券研报中指出,投资赚钱的来源主要有3个方面:企业盈利或者经济增长、通货膨胀、互相博弈。而投资指数基金,长期来看赚的就是盈利增长或者经济增长的收益。

纵观国外的知名指数,如美国的标普500,英国的富时100,加拿大、法国的核心指数等,当把时间拉到足够长的时候,每一个国家核心指数和名义GDP的增长速度基本一致。

也就是说,如果你购买了一个国家很知名的指数,你的投资收益就与这个国家的名义GDP的增长趋势高度一致,相当于买了一个国家经济增长的总体收益。

从我国国内的指数来看,2006—2018年,万德全A、沪深300、中证500、中证800等指数的年化收益均在12%~13%,而同期名义GDP的增速也是13%左右,这些指数的收益也基本与国内经济增长的情况相近。而沪深300作为中国A股的代表性资产和蓝筹集中营,也被不少人认为是中国核心指数的代表。A股部分指数几何平均收益与名义GDP增速见表3-3。

表3-3　A股部分指数几何平均收益与名义GDP增速

指数名称	统计区间	几何平均收益(%)		
		指数	名义GDP	相对超额
万得全A(含股息)	2006—2018年	14.62	13.30	1.32
沪深300(含股息)	2006—2018年	12.09		-1.21
中证500(含股息)	2006—2018年	13.96		0.66
中证800(含股息)	2006—2018年	12.53		-0.78

注:数据来源于Wind。

从这个角度来看,中国市场指数的投资收益比较符合全世界的自然规律。在中国买核心指数也是买整个国家经济增长的收益。

但是审视一下自己手里的资产我们会发现,很少能有人的投资收益达到年化 14%，甚至远远低于名义 GDP 的增速。这中间的收益去哪里了？

在反复震荡的市场中，人们往往容易陷入追涨杀跌的投资误区。假如同时买入两只基金，一年后发现一只涨一只跌，90% 的人会先卖赚钱的那只。而从长期投资的角度而言，应该是卖掉亏的那只。

因此，作为一个普通投资者，必须选择合适的指数基金投资策略，通过合理的方法选择合理的品种，获得一个合理的投资收益。这里为大家介绍两种指数投资策略。

策略一：分散配置，长期持有

海通证券研究发现，不管是专业投资还是个人投资，90% 的收益取决于资产配置，选股只占 5%。在进行投资时，单一资产的不确定性过高，所以最好的方式就是分散配置，长期持有。

策略二：定期定额投资，降低择时风险

如果想投资 A 股市场核心指数，沪深 300 的波动太大该怎么办？定额定期投资策略或许是一个不错的选择。

如何判断自己适合哪种指数投资策略呢？可以从两个维度进行衡量：一是个人资产情况；二是个人可用时间。具体见表 3-4。

表 3-4 投资策略选择的两个衡量维度

投资时需要考虑的两个重要因素 = 可用时间 + 资金规模 投资策略和标的都应该以这两个变量为主			
可用时间	少	少	多	多
资金规模	少	多	少	多
可考虑策略	指数定投	指数组合	轮动及交易策略	"核心 + 卫星"
外部建议依赖性	基本无	高度依赖	相对依赖	自主评估
可考虑基金	核心宽基指数 ETF（沪深 300ETF、恒生 ETF 等）	股票、债券、商品指数基金	主题及策略指数 ETF（5GETF、创蓝筹、创成长 ETF）、ETF 套利等	都可考虑
投资期限	长期持有	根据资金需求配置并定期再平衡	中短期交易型为主	长期配置并且定期再平衡

> **风险提示**
>
> 基金定期定额投资并不等同于零存整取等储蓄方式，定期定额投资并不能规避基金投资所固有的风险，不能保证投资人获得收益，也不是替代储蓄的等效理财方式。
>
> 以上观点不代表任何投资建议，市场有风险，基金投资需谨慎。

一名家庭主妇的基金投资进化史

（河北　刘女士）

作为一名家庭主妇，我早在 2012 年就开始接触基金了。由于我爱人从事金融行业，我对金融产品有一定的认识。此后几年时间，我断断续续买了一些基金，但都是小打小闹。

转折点来了。2015 年，我生完孩子后一心在家休养。当时的投资大环境可以用"股灾前夕人人都是投资高手"来形容。虽然那时我们刚买完房手头没有富余，但是作为一个经不起诱惑的人，"全民投资"这个口号成功地带我入"坑"了。大家都在赚钱，我也不能落后。

我爱人一开始并不支持我，作为金融从业者的他认为：第一，我们刚有了小孩，经济并不宽裕；第二，现在人人都在谈股市，市场的风险已经很高了，不宜入市。对此，我反驳说："可是他们都说股市肯定能上 6000 点，说不定能上 7000 点呢！而且我想买的是基金不是股票，基金是股票的组合，风险相对小些。"

最终，他给了我 5000 元买基金，我用了不到两个小时就全投完了。接下来几天果然涨了，每天都有好几十元的收益，我凭着账面上的收益又向他要了 5000 元。这一回我是逐步建仓的，但还剩 1000 元没建完仓时，股市就遭遇暴跌了。

这个时候，我开启了"装死"模式，心想反正总投资额还不到1万元，就算跌完也没多少，就假装它是在银行存的定期！到了当年12月做2016年计划的时候，我突然想起了第一次投资的这9000元，一看已经跌了40%左右。2015年的投资就这样失败了，2016年我爱人肯定不会同意我拿我们的血汗钱随便"玩"了。

但我没有就此认输，而是做了一个很重要的决定，在哪儿跌倒就在哪儿爬起来。

2015年12月底，我对之前买的两只基金进行了补仓，各补了1000元，还另外定投了两只其他基金。单笔补仓的两只基金在遭遇熔断后，跌得比以前更多了。于是在2016年股市第一次上3000点之后，为了看着心里舒畅，我在同一天赎回了这两只基金，一共7000元的本金亏了近3000元。

可是万万没想到，在2016年7月大盘第二次上3000点的时候，这两只基金表现都不错！那个时候我又开始反思我的投资策略，得出一个结论——投资心态非常重要。

我建仓的时候，几乎是一次性建在了股市的最高点，赎回的时候又是同一天一次性赎回的。虽然谁都无法预测最高点和最低点，但分批总能降低风险。

说起来，我之前补仓的基金其实不算很差的基金，因为在高点投入才导致亏损严重，在不急用钱的情况下完全没有必要一冲动把它们一起赎回来。当时投资的时候说好了长期投资，不到一年就以高比例的亏损赎回了，连补仓的那笔钱都是亏损的。

2016年7月，我定投的两只基金收益率涨了10%，我那时还在纠结要不要赎回。两只基金本金加起来不到1万元，全部赎回收益也不到1000块，这么点资金根本就没必要穷折腾。于是，我放弃了想要把它们赎回的念头。

对于我来说，其实自己并不是基金小白，相反还知道一些门道，但是投资就是这样，天有不测风云，谁知道哪片云彩上有雨呢？

分析者言

投资需要坚信长期的力量。

选择基金,一定要选择那些经过历练的产品。很多人只看一个固定时间段的基金表现,然后据此判断这只基金是否值得购买。这是不妥当的,因为这只基金所经历的"过山车"也许是你不能承受的。

不少基民会陷入"恐高"误区,认为已经创新高的产品"贵"了。但其实如果基金产品自身拥有能涨抗跌的实力,是可以穿越牛熊不断创净值新高、为持有人赚钱的。而现实情况是很多持有人在高点买入,但凡市场调整便扛不住下跌压力在中途下车,错失后续上涨机会,这也是近两年常有人说"基金赚钱基民不赚钱"的原因。

Wind 数据显示,2015 年 6 月 12 日—2020 年 1 月 16 日,共有 386 只主动管理权益类基金取得正收益,占纳入统计基金总数近 10%。

此外,因为公募基金属于团队作战,所以选择一只好的基金最重要的是要选择一家靠谱的基金公司,而选择一家靠谱的基金公司可以关注以下两方面信息:

第一,这家公司旗下所有的产品业绩是否稳定,是否都处在比较优秀的区间。

第二,买基金一定要注重长期收益,短期收益的影响因素有很多,但是长期收益往往能衡量一家基金公司的整体投研实力,这也是对投资者负责。

A 股市场"牛短熊长"且波动性较高,投资者常常面临择时困境,但是优秀的基金产品及投研团队可以在中长期创造稳健可观的投资回报,关键是找到真正优质的产品并坚定持有,让专业和时间来赚钱。

风险提示

以上观点不代表任何投资建议,市场有风险,基金投资需谨慎。

爸爸的理财梦：
想成为"股神"的老顽童

（河北　李女士）

我爸爸1990年退休，退休之前是我们这边一家工厂的厂长，所以我家的经济条件还算不错，吃穿不愁。在别人眼里，我爸爸可能是一位做事认真、一丝不苟的领导，但是在我的眼里，他就是一个永远长不大的老顽童。

爸爸年轻的时候爱钓鱼，经常跟别人比谁钓得多，每次他都是最后的胜利者。退休后，他迷上了投资。恰好我表哥是金融工作者，他在工作之余也热衷投资理财。一来二去，爸爸就开始与表哥比投资收益了。

一开始，爸爸输得很惨，因为表哥买的是股票，他买的是银行理财，收益不是一个量级的。后来，两个人约定一起买基金，一年之后收益分胜负。

不得不说，爸爸的好胜心真的很重，买了好几本基金投资的书，每天吃饭时看，睡觉前也看，走到哪儿书都不离手，这样的情况一直持续了半年。终于有一天，爸爸放下了手中的书，他说他已经学有所成了！

受巴菲特影响，爸爸对价值投资很感兴趣，从一开始就一直在做非常"痛苦"的价值投资。不得不说，当我在了解了什么是价值投资之后发现，价值投资这种慢钱太难赚了！要在一年之后收益超过表哥，我认为这是一个不可能实现的目标，但爸爸却不同意我的想法。

他认为，买价值投资的基金，除了没有那种"买了就涨，马上赚钱"的交易快感外，其他方面都是很轻松的，鲜有投机的那种纠结感。这是两种完全不同的投资体验，甚至可以说这是两件完全不同的事情。

为什么爸爸从一开始给自己的定位就是只买价值型基金？他给我的解释是：因为相比成长型和先锋型基金，价值型基金的风险更低，适合他这种初入基金市场的人。他还认为，做价值投资最省事的办法就是直接买入一些非常优秀的公司的股票，然后长期持有。但有一些好公司的股票价格很贵，比如一手股票就要几万元，没有下手的机会，怎么办？这个时候通过购买基金就可以低门槛参与股票市场，因为大部分基金100元起投。

正如爸爸说的这样，买价值型基金其实就是便宜买好货，因为想要做价值投资，选择一个好公司比选择一个好的买入点重要多了，而且光有好的公司还不够，还要有一个好的价格。

一年的时间很快就到了，当爸爸和表哥同时晒出他们的基金收益时，我确实惊呆了，表哥的基金收益是48%，而爸爸的基金收益达到了67%！或许今后，我要是想买基金，可以向爸爸请教一下了，毕竟他之前说过，他想成为我们县城的"股神"。

分析者言

Wind数据显示，截至2020年3月28日，市面上的公募基金一共有6353只，数量繁多，但是可以按照类型把它们分成几类，比如按照基金的基准资产配置比例，可分为股票型、偏股型、配置型等；按照投资理念，可分为价值型基金、成长型基金。而其中价值型基金就是以价值投资作为理论基础的基金。

价值投资这个概念大家应该并不陌生，巴菲特就是比较成功的价值投资型选手，价值投资的核心就是选择有价值但被低估的优秀公司，以低于价值的价格买入，然后长期持有，最后以高于价值的价格卖出。可口可乐公司就是巴菲特代表性的价值投资案例之一。与成长型基金和平衡型基金相比，价值投资基金比较适合那些想要获取长期投资收益的投资者。

优秀的价值投资基金比较稀缺，它需要基金经理排除外界环境的干扰，有执着的投资理念并坚持下去，需要耐得住寂寞，方能守得住繁华。这就需要投资者仔细甄选，多方位考察基金经理的中长期投资业绩和投研能力。

总的来看，面对现在的行情，价值投资风格的基金比较适合长期持有，一方面在于价值投资需要对公司进行长期研究和跟踪，短期持有很难获得好公司的成长收益；另一方面在于短期持有导致的频繁交易将产生大量手续费等。

风险提示

以上观点不代表任何投资建议，市场有风险，基金投资需谨慎。

12年基金投资路，我想对你说

（广东　于先生）

2020年是我投资基金的第12年，如果用两个字形容今年的A股市场，我想用"混乱"二字。

为什么这么说？我原本认为今年是我再一次大展身手的一年，无论是我之前定投的基金，还是新配置的科技类基金，涨幅都是不错的，但是突如其来的新冠肺炎疫情打乱了节奏，受到外围的影响大盘回撤到3000点之下。相比于4000点、5000点以上，很多人在3000点以下缩手缩脚，不敢入场，但是他们忘了一件事，3000点以下素有"黄金坑"的美称，从2019年开始，每次大盘走到3000点以下，我都会像去超市购物一样清空我的购物车，把之前看好的基金产品全都配置上，然后静静等待大盘反弹的红利。

很多人都说12年是一个轮回。12年前，股市牛气冲天，那时我还只是一个高中生，懵懵懂懂。此后的12年之间，股市经历了几轮牛熊转换，上蹿下跳的幅度让不少投资者心惊肉跳。从6124点到1664点的急速下坠、从1664点到3478点的奋起直追，再从1976点到5178点的自我救赎，大盘可谓是让投资者体验了人生百态。但也正是因为有了这样的历练，我才能在面对现在震荡的市场时心如止水。

我永远忘不了 2007 年的盛夏，当时的股市是妇孺皆知的大牛市，无论是投资小白还是投资老手，只要进入股市几乎没有不赚钱的。架不住亲朋好友的鼓动和金钱的诱惑，对基金一无所知的我也一头扎进了基金投资的大部队中，买入了我人生中的第一只基金。不久之后，这只基金的规模扩大到 300 多亿元，还进行了封仓限购。后来我又陆续买入几只当时的爆款基金。

一开始我看着手里的基金每天不断翻红，心里乐开了花，嘴上还说着真应该早点买入。但是好景不长，2008 年的股市的一泻千里如同一盆冷水浇醒了我，这时我才意识到，股市一点也不简单。

经历了 2007 年的狂热和 2008 年的悲凉，我对基金投资又有了新的认识，那就是没有知识寸步难行。于是我开始废寝忘食地学习基金知识，从那时起，我才真正知道什么是股票型基金、什么是混合型基金、什么是货币型基金等。而随着知识储备的增长，我也不再盲目跟风、人云亦云，可以客观地分析自身的情况。

当我重新规划我的基金池时发现，股票型基金占比高达 80%，这让我看到了高收益率背后隐藏的高风险，毕竟这是自己的血汗钱，不能让它付诸东流。于是我总结了一套自己的投资方案：我发现年龄和风险承受力是成反比的，所以我用 100 减去我们全家年龄之和的平均值（40）再除以 100，得出了投资股票型基金的比例应为 60% 左右。

2009 年，我无意之中进入某只基金的线上论坛，那里有不少理财的小伙伴和理财高手交流理财心得体会。我不断从这些交流中总结经验、吸取教训，随着自己种种疑问的解决，我的投资体系也日渐丰满。通过前一段时间在网上做的"功课"，我了解到基金定投的理财便利，每月定投几百元，可以聚少成多，分散风险，摊薄成本。于是我结合自己的实际情况，定投了某只指数基金，每月定期定额申购 200 元。截至目前，我已经持续定投 10 年，收益 50% 以上。

说了这么多，我主要是想和大家分享我的投资心得，那就是要想在牛熊交叉的市场上获利，一定要遵循 4 个要点：一是选好基金；二是分批买入；

三是长期持有;四是积极定投,分散投资,不要"把鸡蛋放在同一个篮子里"。

12年的基金投资之路是我人生中的一笔宝贵财富。"投资岂能尽如人意,但愿回报无愧我心",每每读到这句话,我都感到很欣慰,虽然我取得的物质财富有限,但我通过理财发现了自己的财商,这才是真正的回报。

分析者言

经过2007年和2008年的洗礼,到2019年,公募基金又走过了一个10年。Wind数据统计显示,截至2019年12月31日,2014年和2015年公募基金的总规模增长幅度最大,分别为51.40%和85.10%。

回顾A股近10年走势,2014年、2015年和2019年可以说是大盘走势比较好的年份。

基金好不好,收益最重要。通过2010—2019年投资类型分类基金收益(表3-5、图3-4)可以发现,股票型基金和混合型基金最早表现得并不抢眼,在2011年跌幅较大。不过在2014—2015年牛市时期,二者大幅增长。在此后的几年间,股票型基金和混合型基金也是一路震荡前行。2019年,A股阶段性反弹的时候再次发力,股基收益达到约36%,混合型涨幅29.48%。相比于二者的不稳定,债券型基金总体表现相对稳定,仅在2011年呈现负收益,回撤较小。

表3-5 2010—2019年投资类型分类基金收益(%)

年份	股票型 (885012.WI)	混合型 (885005.WI)	债券型 (885013.WI)	沪深300	中证国债
2019年	35.97	29.48	5.91	33.59	4.28
2018年	-25.09	-13.59	4.25	-25.31	8.64
2017年	12.59	10.11	2.01	21.78	-1.87
2016年	-9.14	-7.80	0.39	-11.28	2.55
2015年	31.23	36.60	10.77	5.58	7.87
2014年	28.93	18.61	17.82	51.66	11.07

（续）

年份	股票型 （885012.WI）	混合型 （885005.WI）	债券型 （885013.WI）	沪深300	中证国债
2013年	14.42	12.22	0.98	-7.65	-2.81
2012年	4.90	3.78	7.04	7.56	2.64
2011年	-23.82	-21.42	-3.01	-25.01	6.85
2010年	3.81	4.58	7.12	-12.51	1.93
年化	5.54	6.00	5.33	1.22	4.14

注：数据来源于Wind（数据截止日期：2019年12月31日）。

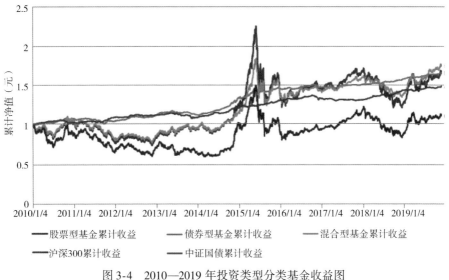

图3-4 2010—2019年投资类型分类基金收益图

注：数据来源于Wind（数据截止日期：2019年12月31日）。

随着资本市场开放以及国家大力发展科技创新事业，国内公募基金近些年迎来快速的发展机遇，整体发展稳步上升，不同类型基金收益在市场以及政策的环境影响下百花齐放，投资者在这样的环境下是有很多投资机会的。投资是一门学问，要选"对"，不是选"贵"。

风险提示

以上观点不代表任何投资建议，市场有风险，基金投资需谨慎。

遵守投资"纪律"很重要

（贵州　耿先生）

每一个将价值投资作为自己终生理想的人，注定要在这条路上走得磕磕绊绊，就如同蝉蛹化茧成蝶前必须先突破自身的束缚。在投资实践中，细节的完善和发掘非常重要，什么时候加仓，什么时候卖出，都是一直困扰大家的问题。在这里我想说，遵守严格的投资"纪律"和保持良好的心态非常重要，有助于我们变得更加稳定、更加自信。

为什么说遵守投资"纪律"十分重要？巴菲特曾说过："在别人贪婪时恐惧，在别人恐惧时贪婪。"在市场投资中，可以将这句话简单理解为越是大家疯狂购买股票的时候，我们越要冷静；越是大家都在观望的时候，我们越要大胆进入市场抄底。要做到这一点非常不容易，因为大部分投资者都承受不了过大的心理波动，在市场情绪极度失控的情况下极易乱了阵脚。

纵观历史，尽管每段时期市场的"癫狂"现象各不相同，但投资者的非理性行为比比皆是。2015年股灾的场景到现在还历历在目：第一波下跌开始后，高杠杆融资盘被"按"在跌停板上排队卖出，很快引发了连锁反应，大规模的市场恐慌情绪蔓延，投资者都争相抛售股票，后果自然是损失惨重。再看2020年年初的这场新冠肺炎疫情，造成市场持续低迷，许多投资者的自然反应是"逃跑"，而不是"战斗"。其实，疫情只是市场的一场短期噪声，并不能影响市场长期向好的趋势，但被恐慌情绪影响的人们根本做不到清晰地思考问题。

优秀的投资者，一定得能战胜自己，战胜人性的弱点。关于克服投资中人性的弱点，我在20年的投资生涯中有一些心得体会，在这里分享给大家：

第一，可以坚持长期规划，做长期价值投资者。有一些投资者只关注短时间内市场的涨跌，一部分幸运的人也许能够抓住热点迅速赚钱，但总体来看，长期投资才是提高投资胜率的法宝。

第二，心如止水，要保持良好的心态。要将投资视作一项终身事业，而不是期望一夜暴富。当然这一点很难做到。

第三，正视自己的恐惧。一些初入市场的投资者，对市场了解不够，经验欠缺，往往在人性弱点的驱使下随大流"追涨杀跌"，或做出其他不理智的行为。这时候我们要做的是正视自己的情绪，多学多问，在实践中慢慢进步，当拥有一定经验的时候，我们对市场波动就波澜不惊了。

成功的投资一定是建立在良好的投资习惯和严格遵守投资"纪律"的基础上，祝愿每一位投资者都拥有光明的未来。

分析者言

基金圈中流传着这样一种说法："基金公司赚钱，投资者亏钱。"基金真的不能为投资者创造收益吗？答案当然是否定的。但为什么在一部分基民的印象中，他们并没有赚到钱呢？

2018年，中国基金协会组织了进行了一次问卷调查，结果显示：55%的投资者持有时间少于1年，仅有7.10%的投资者的持有时间多于5年。然而，持有基金时间与基金投资胜率息息相关。简单来说，持有时间越长，投资胜率越高，赚钱的概率就越大。频繁地申赎、追涨杀跌都是造成投资者"不赚钱"的原因。

持有周期与投资胜率对应关系图如图3-5所示。

恪守严格的投资"纪律"，可以提高自己的投资胜率。可以多多尝试各种不同的投资方法，如定投、风险投资法、均衡投资法，直到找到适合自己的品种。当然，最关键的是要坚持执行，长期投资，把雪球越滚越大，这样在下个牛市来临的时候，我们才会收获胜利的果实。

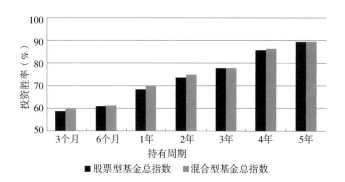

图 3-5　持有周期与投资胜率对应关系

注：数据来源于中国基金协会（2018 年）。

风险提示

基金定期定额投资并不等同于零存整取等储蓄方式，定期定额投资并不能规避基金投资所固有的风险，不能保证投资人获得收益，也不是替代储蓄的等效理财方式。

以上观点不代表任何投资建议，市场有风险，基金投资需谨慎。

第四章
定投·步步为营步步赢

"金字塔式"定投

（上海　李先生）

基金定投是一种比较适合普通投资者的理财方式，一般只要坚持，就会有收获。

基金定投就是选择一只或多只基金在固定的时间投入固定的金额，然后经过升级改良，固定的时间和固定的金额可以根据特定条件有所变动，但是通过长期的不同时点买入，分散每个购买时点上的风险，这一原理不变。以下就跟大家分享一下我的定投经验和感悟。

选择具体基金的方法

由于投资波动性大的基金获得更多低价份额的可能性更高，因此建议选择股票型、混合型、指数型等较高波动性的基金品种。

指数基金方面，目前市场上指数分类众多，我主要先筛选出估值低、点位适中的宽基指数，然后选择此类指数跟踪偏差度小、规模适中、流动性好的相关指数基金。

股票型和混合型基金方面，我主要根据中长期的业绩表现和基金经理、投资方向等指标择优而入。

具体投资策略

我采用"金字塔式"买入策略。从历史经验来看，一轮牛市A股指数往往在低位反复震荡筑底，然后慢慢攀升，最后高位一蹴而就。结合当前的点位，我认为指数在低位反复震荡时，给我们提供了耐心布局买入的充分时间。我目前采取周定投的方式，逐步买入而且不设止损位。买入后除了计算浮动成本外，不受账户盈亏的因素影响，坚持定投。

等到大盘指数（指数基金看相关指数即可，股票、混合型基金看它的业绩比较基准跟踪的指数）的估值达到历史平均水平时，我就开始将周定投改为月定投，减少定投的频次。当大盘指数估值高估15%时，我就开始赎回总份额的10%转成货币基金，基金净值每上升10%再赎回10%。直至赎回全部份额时，再开启新一轮定投。

这个过程类似于搭建"金字塔"。在低位时，通过高频次的定投买入逐步积累低净值的基金份额，随着净值开始上升，逐步产生盈利；到中位时，降低买入频次，并开始止盈减少份额；抵达高位时，持有份额也基本获利了结。

最重要的一点：闲钱定投

投资和人生一样，不可能一帆风顺，总有起起伏伏。尤其是基金定投，更像是一场马拉松，不在于出发时你跑得多快，而在于你能否稳健地踏好每一步，能坚持多久。因此，用于投资的钱不能影响生活，闲钱定投不中断。

分析者言

其实，不只是用闲钱来定投，任何的家庭投资行为都应当用闲钱。

何为闲钱？有不少朋友认为闲钱就是手头的现金，这其实误解了闲钱的意思，真正的闲钱是指家庭生活必须支出费用（日常开支、还房贷车贷保险、学费医疗等）之外的富余资金。

为什么要用闲钱投资？大家可简单理解为闲钱是3年以上闲置不用的资金，这部分资金因为有较长时间的闲置窗口，非常适合我们进行长期投资规划；即使最坏的打算——这部分资金完全损失掉，也不会影响我们现有生活的质量。

由此而来的是，我们的投资心态会比较平和，没有那么短视和急功近利，不会被贪婪恐惧等市场情绪所左右，频繁买卖的赌博心态也会少很多，我们会更加讲究日积月累、细水长流，短期的波动会逐步熨平，我们的投资目标、投资回报也会长久持续、一步步夯实。

风险提示

基金定期定额投资并不等同于零存整取等储蓄方式，定期定额投资并不能规避基金投资所固有的风险，不能保证投资人获得收益，也不是替代储蓄的等效理财方式。

投资者购买货币市场基金并不等于将资金作为存款存放在银行或者类似金融机构，基金管理人不保证基金一定盈利，也不保证最低收益。

以上观点不代表任何投资建议，市场有风险，基金投资需谨慎。

理财的目标就是让自己和家庭始终有钱花

（广东 陈先生）

三十而立，对于支出与理财，而立之年的我也建立了自己的体系。

资产配置清单

我会将年收入分成 4 份，具体如下：
1）25% 用于日常基本生活开支。
具体操作：包括吃喝穿、物业费、交通网络费、小的医疗费用等。
2）30% 用于长期投资和养老。

投资思路：主要让资产稳健增值和建立养老金，采用带复利的投资型工具，通过"时间＋复利"的神奇效果实现资产的增值。

具体操作：主要采用投资型保险产品（保证本金的安全），年复利5%，时间持续20年。

3）30%用于中期投资和保障。

具体操作：主要包括房贷、股票型基金定投、家庭健康保障、子女教育金。

4）15%用于短期投资和高消费。

具体操作：货币型基金、高风险投资（如股票、汽车开销、娱乐奢侈等）。

可能很多人会说按照这样做很累，能不能想做什么就做什么，个人认为理财的目标就是让自己和家庭始终有钱花。

基金定投实操守则

基金定投是我们上班族的最佳方式，以常见的指数基金为例说一下我的定投过程。

首先，选出适合投资的指数。主要从标的指数的估值、市场的风格方面考虑。指数的估值只要低于历史均值、符合政策的导向和市场的迎合度，就可以考虑。比如，2014—2015年选择创业板、2017年选择上证50指数就是按照这个原则。

其次，选择对应的指数基金。市场上现在同类的基金很多，我一般选择规模适中、跟踪指数偏差度小的基金。

通过估值、均线指标等调整定投金额。在行情来临前，基金定投就是在市场波动中不断地积累份额，同时在市场的探底和筑底过程中不断摊低投资成本价格。因此，可以通过指数的估值、均线等指标来调整定投额度，如高估少投、低估多投，这样可以更好地帮助提升投资胜率。

按照上述条件设置好定投原则后，剩下的只需要定好止盈位置，基本就能较好地完成一次定投周期。

定投就是在不满和失望后遇见"微笑"

在一个完整的定投周期中,坚持定投的收益曲线都是在市场回暖后才"微笑"。而在市场表现不理想的时候,如果无法继续坚持定投,带着对"长期部分资金被锁定"的不满和"积累了长期的本金仍然亏损"的失望,提前退出或放弃定投计划,未能在长期投资中笑到最后将是一种遗憾。在不确定的市场中,定投能在一定程度上提升投资胜率。

我会保持基金定投不停歇!继续调整投资心态,克服"追涨杀跌"的坏习惯,长期坚持基金定投,止盈不止损,不断利用定投获取更多的基金份额和收益。现在最期待的就是股市能健康发展,稳步前行,我们普通基民可以跟随基金分享到资本市场的红利,而不是"割肉"亏损,期待跟随市场实现完美收益。

分析者言

正如陈先生所言,定投不能停歇,尤其是在股市下跌之时。

为什么说股市下跌时,不建议停止基金定投呢?一个简单的试算就可以看到结果。见表4-1,假设我们每月定投1000元,未来3个月内基金净值大幅下跌,那么同样的金额就能获得超过3600份基金份额,投资盈亏点为0.818元,只要等到基金净值回升到0.818元就可以回本,涨回到1.00元就可以赚22%,可见下跌时坚持定投的魔力。

表4-1 各期定投额与定投成本计算

期数	单位净值	申购金额(元)	获得份额(份)
第1期	1.50	1000	667
第2期	1.00	1000	1000
第3期	0.50	1000	2000
合计	—	3000	3667

盈亏点:3000/3667 = 0.818(元)

风险提示

基金定期定额投资并不等同于零存整取等储蓄方式，定期定额投资并不能规避基金投资所固有的风险，不能保证投资人获得收益，也不是替代储蓄的等效理财方式。

投资者购买货币市场基金并不等于将资金作为存款存放在银行或者类似金融机构，基金管理人不保证基金一定盈利，也不保证最低收益。

以上观点不代表任何投资建议，市场有风险，基金投资需谨慎。

手动定投　规划养老

（山东　万女士）

我居住在一个小县城，三口之家，工薪阶层，生活水平属于"不骑马，不骑牛，骑着毛驴走中游"的"比上不足，比下有余"的准小康阶层。

存款贬值是工薪一族永远的痛

工薪收入除支付日常生活、儿子的上学费用外，每月略有结余，都留存在银行卡里。天长日久，集腋成裘，也有了一笔小财富。但是，近年来银行储蓄利息收入一直跑不赢通胀的增长，存款不合算是板上钉钉的硬道理。

我们积攒的这点小财富够不上银行大额理财的门槛，投资民间集资高利怕打水漂，购买股票风险承受能力又不足，只能看着银行卡里的数字缓慢增长，购买力却逐渐下降。

2015年儿子去北京读博，基本不再用家里的钱了。我们也感觉自己有些苍老了，就将退休养老提上了议事日程。工薪理财养老，迫在眉睫！

从"纸上谈兵"到躬行定投

我因工种特殊,提前退休后,又被单位返聘新岗位,挣两份工资,而我爱人离退休还早。瞻前顾后,纵横对比,投资基金是非常合适我们的理财之道。

基金网站直销平台都有定投渠道,很适合工薪阶层每月小额资金的长期理财。只要绑定银行卡,设定定投扣款日期和金额,就可以每月自动扣款申购目标基金,实现"专家理财"。省时省力省事,基金定投真是工薪一族理财的不二选择。

我爱人在金融部门上班,经常为基金客户解疑释难。耳濡目染,我觉得"打铁还需自身硬""纸上得来终觉浅,绝知此事要躬行"。通过实践学习和对比自动定投与手工定投,我发现手工定投略胜一筹:"没有只跌不涨的股市,也没有只涨不跌的股市。当股市下跌时,微笑曲线向下,加大手工定投金额积攒份额。当股市向上时,微笑曲线向上,适当减少定投金额,持有份额挣利润。坚持定投,长期持有,就会收获多多。"

手工定投滚"雪球"

我一般会把基金公司官网重点宣传的基金当作定投标的,因为商家肯定会优先推荐最好的产品。然后,我再拉长周期,看看业绩数据是否与宣传的相符。选好定投产品后,我一般会以当日股市大盘涨跌指数,参考基金估值作为手工定投的前提标准:当股市(大盘)下跌 0.5% 以下,就手工定投 100 元;当股市下跌 1% 以下,手工定投 200 元。以此类推,每月不定定投次数和金额,只设定坚持的定投原则。相反,当股市收涨时不定投,持基待涨。

手工定投并不需要每日时时盯盘,只需交易日 14 点 30 分后看一眼股市(大盘)行情,然后定夺是否定投及金额,一分钟就可以完成定投。虽然不是百发百中,但也八九不离十。

2015 年,我开始定投,选择了一只绩优偏股混合型基金。虽说定投在高点区域，股市也一路下跌，但我坚持手工定投的方式不动摇，投跌不投涨，不仅摊薄了成本，而且积攒了更多份额，一遇牛市，基金收入就跳跃式膨胀开来。

2019年开局，股市迎来小阳春，沪市指数从2440点一路攀上3100点，我手工定投的基金不仅正收益猛增，而且接近翻倍！

我要把手工定投一直坚持下去，让定投基金"滚雪球"，让退休养老没有后顾之忧，让晚年生活更加幸福。

分析者言

像万女士一样，我们周边有不少投资者都在高点时选择了基金定投。在大家的认识中，似乎在市场低谷时进入更合适一些。那真的是这样吗？

海通证券基金研究中心研究表明，对于长线定投来说，进入时机相对不重要，较重要的是退出时机。

对于投资时间大于一个市场周期甚至更长的时间，可称之为长期投资。我们在定投时间超过一个市场周期之后，定投成本最终将趋近于较稳定的水平，与进入时机关联较小。

由于市场本身存在波动，卖出时点会对投资收益产生较大影响，因此长期定投的收益率对退出时机敏感，但对进入时机不再敏感。

风险提示

基金定期定额投资并不等同于零存整取等储蓄方式，定期定额投资并不能规避基金投资所固有的风险，不能保证投资人获得收益，也不是替代储蓄的等效理财方式。

以上观点不代表任何投资建议，市场有风险，基金投资需谨慎。

为了孩子，要节流更要开源

（河北　王女士）

从第一次接触基金投资，至今已有几年了。说来也是缘分，我一个初中同学从事证券行业，当初我问她："想给孩子攒点钱，你给推荐一下投资什么好呢？"她就给我推荐了公募基金，并提醒我最好是给孩子做定投。

我不会理财，但很会存钱

我不会理财，但很会存钱，平常省吃俭用，常被朋友打趣"只节流不开源"。后来，在外部环境的刺激下，我开始立志当一名会理财的新新女性，义无反顾地跳进了养"基"场。不过，我还是很感激自己几年前的这个投资决定，它让我能够一直坚持为孩子做这件有意义的事情。这是我对孩子的爱，相信将来他一定能懂得我的这份坚持。

我是一名教师，平常工作特别忙，所以没有太多精力挑选基金，便选择了一只历经牛熊、业绩一直表现不错的老基金，感觉成立时间长的有历史参考，相对放心些。看过这只基金的历史表现后，我感觉还不错，就开始定投了，每月500元。我的工资不高，扣除平常家中水、电、煤气、房供等各种花费后，已所剩不多，好在平常我个人的花销不大，因此能够稳定节省出这笔定投费用。我想，有专业的基金公司帮着理财，总好过我们这种不懂投资的老百姓自己去理财吧！

短期收益让人浮躁，平和心态长期持有

起初，涨的时候我特别开心，基本每天看我的资产盈利情况。但是2015年市场行情急速下跌，我的收益都亏完了。不过，我还是决定继续坚持，这

份坚持可能出于对投资的第一只基金的感情，也可能出于对市场总会走牛的向往，更可能出于我想继续为孩子积累财富的愿望……

时至今日，我已经投资 5 年了，市场涨涨跌跌，我已不再每天关注基金的价格，也不太关心市场的涨跌，只是期盼着孩子成人后我能送他一笔创业金。梦想有点远，但梦想总是要有的，不是吗？不再时常关注基金走势以后，我的投资心态也平和了不少，不会因为涨跌影响日常的生活。

理财是爱的表达，爱是坚持的动力

我会继续坚持定投，这种方式确实很省心，不用操心大盘的起起落落，反正跌了再买入可以分摊成本，涨了再买入赶上收益步伐。我其实很喜欢这种每月投资的纪律性，就像打铃上课一样准时，每月临近定投扣钱的日子，我都会提前把钱存好，每月的定投日基金公司会自动扣款。

相比有些人没有什么计划地花钱，我已经在为子女默默积累财富了。近年来的市场行情不错，我的基金也有一定的涨幅，在避免"踏空"的同时，离孩子的创业金目标也更近一步了。像定投这么好的理财方式，我也愿意把它推荐给身边有需求的朋友，希望和更多的朋友交流投资心得。

理财其实是对家人表达爱的一种方式，也是一件有趣的事情，我愿意参与其中，永不放弃！

分析者言

只要签订了定投基金协议，基金公司就会按照约定从我们指定的账户中定期自动扣款、自动完成基金份额申购，确实省时省力，轻轻松松。

一些"心急"的投资者热衷于高频率短周期的定投方式，觉得按月定投不解渴，甚至把定投频率调整到每半个月或每周一次。定投扣款周期真得越短越好吗？未必。

上海证券基金评价研究中心曾对不同定投周期进行过测算，结果显示，在较长时间内（无论是 5 年还是 10 年），扣款周期更短的定投方式导致最终的投资总回报均未显现出明显优势；同时，随着投资周期延长，不同扣款周期下的投资总回报逐渐接近，没有显著差别。

显然，基金定投的投资周期与实际投资效果的相关性不大，投资者不必过分纠结于定投扣款周期的设立。

风险提示

基金定期定额投资并不等同于零存整取等储蓄方式，定期定额投资并不能规避基金投资所固有的风险，不能保证投资人获得收益，也不是替代储蓄的等效理财方式。

以上观点不代表任何投资建议，市场有风险，基金投资需谨慎。

坚持，才可能迎来胜利

（湖南　贺先生）

我想和大家分享一下我的投资故事。想当初，我也是一名彻头彻尾的股票投资者。在经历过 2010 年一整年跌宕起伏的股票投资历程后，我开始思考一个问题：作为一名全职上班族，毕竟不可能在上班时间天天盯盘，这样容易引起领导的不满，也会影响自己的事业。

基金定投适合忙碌的上班族

通过学习理财知识，我了解到有一种比较省心、风险相对适中的理财工具——基金。然而选择买什么基金并不是很容易的事情，几千只不同类型、来自不同基金公司的基金，看得我眼花缭乱。这还不算，还有许多基金知识让我云里雾里，如封闭期、开放期、申购费、赎回费、分级基金下折等。但令我高兴的是，在学习过程中我接触到一种对基金的有效投资方法——基金定投。

长期而固定地投资某只基金，可很大概率地战胜证券市场带来的不规律波动，有效降低投资风险，从而实现资产收益增长。基金定投既简单，又省心，很适合我这种忙碌的上班族。

定投遇上熊市莫气馁

我从 2011 年开始基金定投，当时的上证指数是 2800 多点。按照通行的方法，我选择了几只股票型基金作为投资标的。刚开始一切都很顺利，我只要每月存钱扣款，这几只基金都有些许浮盈。但不久后，市场发生急剧变化，A 股进入两年的漫漫熊途，每天的市场交易量不高，市场情绪也不稳定，许多股票价格更是停滞不前。我定投的这些基金也因此折戟，期间持有的资产净值亏损真是不小。

当时我比较沮丧，也曾经想到过就此退出，再也不投资基金了。所幸在一个讨论基金投资的 QQ 群里，有几个老基民说只有这样才可能坚持到市场反弹，建议我继续持有。我想着自己也不急着用钱，于是怀着期待而又忐忑不安的心情坚持到了 2014 年。那时恰逢牛市初期，A 股市场有了较大起色，我之前在熊市通过定投获得的大量基金份额在此时发挥了四两拨千斤的作用，我的基金很快扭亏为盈。之后我关注了一些基金公司的微信服务号，了解到了价值投资理念的重要性和可行性，这更坚定了我继续持有的信心。

定投遇上盈利莫贪心

2015 年上半年，我的基金投资不但平了之前的亏损，还赚了近 15%，这让我兴奋至极。遗憾的是，没多久因新房装修急需用钱，我把投资的这几只基金全部赎回了，从而错过了后面那波众人皆知的大牛市行情。不过我并不后悔，一是通过基金定投我获得了收益和投资信心；二是虽然错过大牛市但也逃过了后面的大跌，这何尝不是一种幸运呢？

我从这几年的投资经历中慢慢认识到证券基金投资是长期投资这一事实，

因此我认为，投资者一定要学会坚持再坚持。也许我们普通人无法像巴菲特那样几十年如一日地持有某一家公司的股票，但三五年的投资周期或许对于我们这样的投资者来说也并不难，只要坚持下去，一般都会获得理想的回报。未来的投资之路还有很长，让我们与"坚持"相伴！

分析者言

通常来说，投资者最厌恶高波动，最期盼股市能平平稳稳地走下去。但基金定投正好相反，它最青睐高波动。为什么这么说呢？我们来试算一组数据：我们在同一时点、同一价位（1.00）、同一投资金额（每次定投1000元）分别定投基金A（高波动特征）和基金B（低波动特征）在，同一定投期数（5期）、同一定投成本（共投入5000元）、同一价位（1.10）时结束定投。

我们看到，基金A总买入份数为4 981.04份，基金B总买入份数为4 909.09份，两者相差71.95份，见表4-2。

表4-2 不同波动特征下的定投份额比较

项目	基金A（高波动）		基金B（低波动）	
	净值	买入份数	净值	买入份数
投资过程	1.00	1 000.00	1.00	1 000.00
	1.05	952.38	1.00	1 000.00
	1.15	869.57	1.00	1 000.00
	0.80	1 250.00	1.00	1 000.00
	1.10	909.09	1.10	909.09
平均净值（成本）	1.02		1.02	
净值标准差	0.135 1		0.044 7	
总买入份数	4 981.04		4 909.09	

注：1. 资料来源于海通证券基金研究中心。

　　2. 假设每期投入金额为1000个单位。

这背后的原理其实是，基于"定期定额"的自动投资机制，在波动的市场行情中：当基金净值下跌时，同样的投入资金能够获得更多的基金份额；而当基金净值上涨时，则获得较少的基金份额。这样，投资成本得以均摊。特别要注意，市场下跌越严重，获得的低价份额也就越多。

那么在底部积攒了更多基金份额之后，当市场反弹或进入牛市时，理论上我们也将有望获得更多的获益支持。

"同样长期投入本金，有望获得更多基金份额"——这就是定投高波动型基金的价值，所以定投适合净值波动较大的基金，如股票型基金、偏股型混合基金等。

风险提示

基金定期定额投资并不等同于零存整取等储蓄方式，定期定额投资并不能规避基金投资所固有的风险，不能保证投资人获得收益，也不是替代储蓄的等效理财方式。

以上观点不代表任何投资建议，市场有风险，基金投资需谨慎。

我对定投的一点心得

（内蒙古　张先生）

时间过得真是飞快，又是一年人间四月天。仔细算一算我投资基金已有10多年的时间。有人说陪伴是最长情的告白，我想说的是陪伴是最长情的礼物。感谢基金的陪伴，让我在投资路上不孤单，也在投资的过程中看到了希望。今天，我想和大家分享我的基金投资故事。

我是2007年8月开始接触基金并投资的，那个时候的我基本是一个新手，对于投资基金还不是很懂，当时看到有基金可以定投，就选择了其中的一只股票型基金，做了3年期的定投（本金7200元）。由于股市从2007年的

6124 点一直下跌，定投的前两年基本上都在亏损，等第 3 年到期时居然盈利了 1600 多元，这个结果出乎我的意料。因为我在 2007 年一次性购买的其他偏股型基金，几乎都亏损了一半左右，看来基金定投相对可能在行情相对低迷时实现盈利。

于是我总结出基金定投需要注意的几点：

1）只有坚持长期定投，才能取得正回报。

2）长期定投避免了一次性买在高位的风险。

3）基金定投适合懒人理财，不用时时关注市场的情况。

4）如果资金允许，可以把钱分成几份按周定投偏股型基金。

基于之前基金定投的经验，我认为选择基金定投入场是一个很不错的选择。通过基金定投，当市场处于低位时，同样资金购买的基金份额更多，等上涨的时候这些"多出来"的基金份额就能显示出作用了。

仔细回想自己的投资路，可以说是跌跌撞撞、风风雨雨，但是基金定投又让我看到了彩虹，使我对基金投资充满了信心。希望接下来的 5 年、10 年、20 年，我还会继续与基金结伴同行。

分析者言

上海证券基金评价研究中心研究数据分析得出，基金定投可以降低择时风险。

购买基金产品后，主要依靠基金净值增长来获取收益。因此，申赎基金时的基金单位净值决定了基金收益率。但由于投资者"追涨杀跌"的特征显著，决定了大部分人其实很难通过一次性投资获利。而定投通过不断的分批买入，投资成本从单一的时间点变为长期的平均成本，降低了基金申购时的择时风险。

如图 4-1 所示，基金定投的平均成本曲线相较于基金单位净值曲线要平滑很多，这也是为何大家常说的基金定投规避了择时的难点。在定投实践中，卖出时基金单位净值超过平均成本便可以获利。

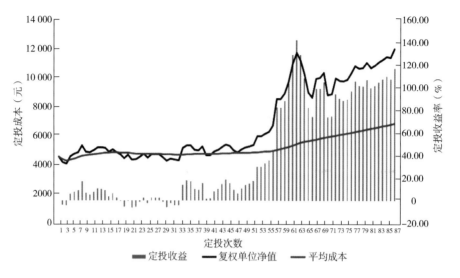

图 4-1　定投通过平滑成本降低择时风险

注：数据来源于 Wind、上海证券基金评价研究中心。

风险提示

基金定期定额投资并不等同于零存整取等储蓄方式，定期定额投资并不能规避基金投资所固有的风险，不能保证投资人获得收益，也不是替代储蓄的等效理财方式。

以上观点不代表任何投资建议，市场有风险，基金投资需谨慎。

相信明天　坚持定投

（湖北　杨先生）

说起投资，估计有很多人像我一样，也是摸着石头过河。我是普通的工薪阶层，有一个三口之家。微薄的收入让我有许多后顾之忧，如孩子以后上学、我们将来养老，还有各种各样想不到的问题。天有不测风云，人有旦夕祸福嘛。

从储蓄到初识基金

受限于家庭收入，我们在用钱方面不敢大手大脚，节衣缩食的日子眼瞅着过了一年又一年。虽然也渐渐攒了一些积蓄，可回头一看那些存在银行的钱随着物价上涨和通货膨胀，并没有使我们的幸福感增强，而且为了攒钱，我们放弃了太多开支。我和妻子为此迷惑了很长时间，也曾想到进行一些投资，但是一点投资经验都没有，听着别人谈论股票、黄金、期货，我们一头雾水。虽然如此，我们还是坚信必须把钱拿出来投资，因为只有投资才可能实现财富增长。

带着这样的想法，我们开始留意身边朋友的投资渠道。当时是 2006 年，正是基金火爆的时候，身边总有朋友谈论基金。于是，我们便开始认真研究起这个对我们来说陌生而又有魅力的东西。后来我们发现，这种投资方式非常适合我们这样承受不起股市大起大落的家庭参与。基金相对平稳，虽然基金经理们也拿我们的钱去炒股，但他们毕竟是专业人士，值得信任。就这样我们拿出了一些积蓄，第一次买了基金。

初尝甜头之后正式投资

选来选去，我们选择了在网上的基金购买渠道进行购买，不仅购买方便，供可选取的基金也很多，最重要的是网上交易的安全性让我们觉得放心。

购买基金之后，我和妻子就正式成为"基"民了，自然开始关注基金方面的信息和知识。报纸、书刊、网络，都是我们获取信息和知识的来源。当时形势很好，刚过去 3 个月，我们购买的基金就有了收益。于是，我们只留了 20% 的储蓄，其他的钱全部购买了基金。

事实证明，那个时候确实是顺风顺水，那一年的基金投资赚了不少，我们感觉到投资赚钱的滋味真好。

2007 年，市场一度低迷。但是通过前一段时间学习投资知识，我们已认识到投资是一个长期的行为，潮涨潮落是很正常的事情。因此，我们的信心并没有因此而受到打击。

为了明天坚持定投

经过 2007 年和 2008 年两年的投资洗礼，我们的心态变得更加平和，毕竟投资的目的是将来的生活过得更好。只要我们坚信我国经济不断向前发展，若干年以后，我们一定会有可观的收益。

在 2008 年股市低迷的时候，我们及时进行了定投，基于之前的一些投资经验和朋友的推荐，选择了长期业绩相对较好的产品作为投资首选。

掐指一算，30 年后正是我们退休的时候。相信到那时，我们一定能享受到国家经济发展带来的丰厚回报，同时也会收获基金投资带来的快乐，从此过上美好的生活。正像那首歌中唱的那样，"明天会更好！"

分析者言

为什么基金是投资者进行个人养老金准备的合适选择？

上海证券基金评价研究中心截取了 2005 年 1 月—2020 年 1 月这 15 年间居民可投资产表现情况，在算得各类资产 15 年累计收益及年化收益之后，可看出基金资产在长期收益上相对优于相应权益资产和债券资产，公募基金主动管理能力凸显，见表 4-3。除此之外，公募基金还可满足碎片化、零散化的投资方式，且在投资额度上的限制相对较小，非常适合投资者进行个人养老金准备。

表 4-3 不同资产的年化收益率比较

分类	资产简称	15 年累计收益（%）	15 年年化收益（%）
权益资产	沪深 300	337.74	10.34
	中证 500	474.58	12.36
	恒生指数	112.62	5.16
	标普 500	183.27	7.19

(续)

分类	资产简称	15年累计收益（%）	15年年化收益（%）
债券资产	中债-总财富（总值）指数	88.52	4.32
	中债-国债总财富（总值）指数	89.53	4.35
	中债-金融债券总财富（总值）指数	82.45	4.09
基金资产	中国股基指数	697.24	14.84
	中国混基指数	755.31	15.38
	中国债基指数	162.48	6.64
商品资产	COMEX 黄金连续	268.67	9.09
	标普全球石油指数	104.66	4.89
	ICE 布油连续	47.45	2.62
房地产	样本住宅平均价格：百城平均	67.75	5.31

注：1. 数据来源于 Wind，上海证券基金评价研究中心整理。

2. 数据统计区间为 2005 年 1 月—2020 年 1 月。

3. 房地产中"样本住宅平均价格：百城平均"数据区间为 2010 年 6 月—2019 年 12 月。

为什么个人养老金准备适合采用定投的方式投资基金？

1）个人养老金是通过将每一期的盈余囤积起来，以保证退休后的生活质量不下降。这种需要依靠时间积累的长期投资，符合基金定投的操作方式。

2）由于我国金融资产的整体波动较大，短期参与很难获得优异的回报。

3）长期定投能有效熨平短期波动，有望降低短期浮亏的概率、获取长期持续的回报。

风险提示

基金定期定额投资并不等同于零存整取等储蓄方式，定期定额投资并不能规避基金投资所固有的风险，不能保证投资人获得收益，也不是替代储蓄的等效理财方式。

以上观点不代表任何投资建议，市场有风险，基金投资需谨慎。

定投既适用于投资 也能美好生活

（广东 夏女士）

不知道其他人投资是为了什么，我是为了更美好地生活。定投不仅是一种基金投资技巧，其实回到每个人的生活，也是符合定投规律的。很多人都越来越认可定投这种投资方式，通过定投获得了收益。甚至有人说，定投改变了他的人生，其实这并不夸张。

什么是定投

基金定投是基金定期定额投资的简称，是在固定日期、以固定金额投资到指定的基金产品中，是一种简单、有效的投资方式。

比如，我在过去的3年时间里，每个月定期投资1000元到某混合型基金中。每个月就是定期，1000元人民币就是定额，某混合型基金就是投资标的。

定投不需要择时，只要坚持执行定投计划，即使在最糟糕的时机入场，也有望在价格尚未收复历史最高点之前实现盈利。

定投的关键

没错，定投的关键并不在于开始，而在于坚持。

基金定投自进入我国资本市场以来逐渐被众多投资者认可。一方面，基于定额定期的分批买入模式，投资者对于定投定期定额投资的模式和分散投资成本的原理容易理解；另一方面，由于基金定投门槛较低，人人皆可参与，可以让小额闲散资金获得更为有效的使用，满足了个人闲钱理财的需求，自然获得了大众的关注。

每个人都能很好地运用定投吗？其实不然。纵观 A 股市场（以上证综指为代表），往往牛短熊长，部分投资者受市场情绪和亏损情绪影响往往半途而废，在熊市低点或者震荡市中离场，却不知道在熊市中可以以更低的价格积累基金份额，等待牛市时收获盈利的奋力一击。

即使在最高点入场，那个时候应该是最坏的入场时机，但只要坚持长期定投，最后依然能够盈利的案例比比皆是。当然，除了长期坚持，还要认真思考，你定投的基金到底是不是具有成长性。不怕开始是一颗光秃秃的种子，就怕种子已经烂了心。

生活中也需要定投

其实，放眼整个人生，生活也会因坚持"定投"而更加美好。

比如你的求学之路，刚进学校的时候是没有结果的，你上学前班的时候并不知道今后能考上哪所大学。从学前班到高考是一个很漫长的熊市或者震荡市。在这个过程中，每天都要去上学（定期），上学期间每天都要投入精力（定额），然后坚持 12 年左右（长期），最后根据你的定额最终收获你的定投成果。

当然，大学并不是唯一的成果，你的整个人生都会受益于你的学习所得，整个人生都会根据你学习"定投期间"坚持投入精力的多少而回报你。有的人半途而废，或者投入定额太少，结果不理想；有的人一直坚持，定额甚至超额，从而获得了满意的成果。

所以，用定投思维去生活、学习，选好标的（如阅读、跑步等），然后长期定投（一直坚持），耐心等待你的牛市到来，造就你的生活春暖花开。

分析者言

有一些投资者会因为受不了亏损而"逃跑"中断定投，也有一些投资者希望等市场跌到底部再重新进入"抄底"。事实上，这些做法也同样是不明智的，如果中断的这段时间正好市场上涨，你就错过了更多收益；而如果中断的这段时间正好市场下跌，买入成本低于你的平均成本，你就错过了"低买"的机会，错过了用较低的成本拿到更多筹码的机会，可能会使定投收益率打折扣。但是没人知道市场后势如何走，因此合适的方式还是坚守定投赚钱的最高法则——遵守纪律，坚持定期定额投资你选择的基金。

风险提示

基金定期定额投资并不等同于零存整取等储蓄方式，定期定额投资并不能规避基金投资所固有的风险，不能保证投资人获得收益，也不是替代储蓄的等效理财方式。

以上观点不代表任何投资建议，市场有风险，基金投资需谨慎。

与其抄底接"飞刀" 不如定投更安心

（四川　李先生）

2020年春节之后，新冠肺炎疫情在全球范围爆发。受此影响，全球资本市场急速下跌，A股虽然表现韧性，但也受到波及，曾一度下探至2800点以下。随着短期市场的连续下跌，市场上大部分散户在恐惧中离场的同时，部分大胆的投资者也发出了"抄底"的声音。作为一位过来人，我更倾向于定投，弱化择时，与时间为伴，挖掘长期投资价值。

市场的快速下跌是危险的，但也确实蕴藏着机会。巴菲特的名言"在别人恐慌时贪婪"，对于股市投资有一定的指导意义。当市场持续调整、市场风险偏好下降至出现恐慌情绪时做逆向投资，从历史的大盘数据来看，长期盈利的概率较大。

但现实中的"抄底"往往与理想中的"抄底"相隔十万八千里，一买就跌、一卖就涨的案例屡见不鲜。华尔街流传着一句话："要在市场中准确地踩点入市,比在空中接住一把飞刀更难。"

电影《华尔街》中也有一句台词:"做长期的玩家,才能挨过空头市场!"因此,如我这般市场风险承受能力中下的投资者,可以采用分批入场或者坚持定投的方式应对危机。

为什么选择定投?因为我 2010—2020 年的投资经历告诉我,定投能够弱化择时,即使市场涨跌动荡,即使开始定投的点位和终止定投的点位一样,定投仍然能获得正收益。

我是从 2010 年开启基金定投的。那时刚刚经历了 2008 年的大熊市,2009 年一波反弹又带动了市场情绪,到 2010 年才 3000 点出头。考虑到与之前的 6 124.04 点相比还有很大的上涨空间,我决定入市。但由于股市波动太大,"过山车"坐得心慌,我便选择投资基金。我刚接触基金时不太懂,觉得定投一键设置,然后照例扣款,方便快捷,也不用天天盯盘,省心省力,于是就一直定投下去了。

与 6 124.04 点相比,3000 点出头无疑于是抄底了吧。可现在回头再看,到 2019 年年底也还是 3000 点出头,如果当时选择一次性抄底,到现在不仅略微亏损,中间经历的牛熊交替估计会很考验我的情绪控制能力。幸好当时选择的定投,到年底还盈利 1 万元左右,虽然不多,但比"抄底"可观,今后的任务就是选择一个合适的时点止盈。

分析者言

其实在市场低位选择何种方式入场,主要取决于投资者的风险偏好程度。

我们选取 2005 年 3 月 16 日—2020 年 3 月 16 日上证指数 2800 点以下的日期买入权益基金并持有 0.5 年、1 年、2 年、3 年。数据显示,持有基金时间越长,获得正收益的概率越高,如图 4-2 所示。

而对于普通投资者,定投是比较适合的"抄底"方式,因为定投平摊成本、分散风险,弱化了择时效果。以李先生的定投时间为例,我们模拟一下 2010 年 1 月 1 日—2019 年 12 月 31 日的上证综指数据,发现上证指数从

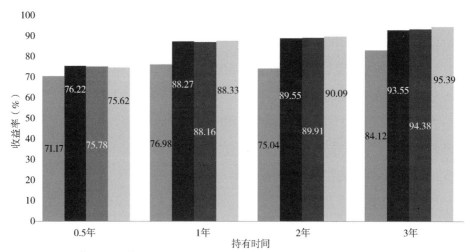

图 4-2　不同持有时间收益率比较

注：数据来源于 Wind，权益型基金分别用对应的基金指数代表，主动管理型权益基金指数包括普通股票型基金指数、偏股混合型基金指数、平衡混合型基金指数，被动型权益基金指股票指数型基金指数。

3 243.76 点微跌至 3 085.20 点，一次性抄底的收益率为 –6.93%，即在 2010 年 1 月 1 日一次性买入 12 万元，截至 2019 年 12 月 31 日收益亏损 8316 元。而如果同区间坚持每月 1 日定投 1000 元，总投资金额也是 12 万元，但最终的定投收益率为 13.02%，定投收益达 1.56 万元。

从以上数据还可以发现，刚开始定投的 10 个月，上证综指还在持续下跌，但即使如此，只要长期坚持，定投依然有着不错的效果。

数据来源：定投 U8 计算器；定投数据时间：2010 年 1 月 1 日—2019 年 12 月 31 日。以基金定投的方式模拟定投指数，不考虑手续费和分红方式，期间上证综指年化收益率为 –0.71%，定投计算公式为预期收益 = 每期定投金额 × （1 + 收益率）［–1 + （1 + 收益率）的定投期数次方］÷收益率。

风险提示

基金定期定额投资并不等同于零存整取等储蓄方式，定期定额投资并不能规避基金投资所固有的风险，不能保证投资人获得收益，也不是替代储蓄的等效理财方式。

以上观点不代表任何投资建议，市场有风险，基金投资需谨慎。

定投周期选月还是选周

（江苏　侯先生）

A股市场牛短熊长，但刚接触定投基金的人在设置定投计划时往往会纠结到底选周定投还是月定投。周定投由于投资频率高，是不是更容易踩倒低点，积累到更多的份额？月定投是不是频率较低，收益不如前者？今天我就用自己的切身体会告诉大家，到底定投周期选多长更好。

在短期波动较大的行情里，由于周定投频率快，资金更分散投入，有利于投资者买在阶段性低点，用相同的资金获得更多的份额。但是老投资者投资时间长了就会发现，一般而言，定投时间越长，周定投和月定投的收益率差距越小。

其实，这两者并不矛盾。因为虽然周定投频率快，但是随着周期的拉长，平滑了份额差距，致使长期的不同定投方式收益差距不大。

以我2005—2015年的定投经验为例，对于同一只基金，我设置了两个定投计划，一个周定投，一个月定投，每笔周定投金额大致是每笔月定投金额的1/4（两者本金总额在同周期保持一致）。随着时间的推移，两者的差距逐渐缩小，第3年两者收益率还相差0.5%以上，但到第5年就缩小到0.5%以下，到第10年几乎没有差距了。

因此我认为，在预判长期定投的情况下，由于周定投和月定投在投入资金相等的情况下收益相差不大，所以剩下要考虑的就是资金周转问题。

如果你每月可用于定投的资金量较少，就没有必要去费心周定投了，反正长期看收益差不太多，月定投还省心省力。

如果你定投的资金量较大，如在 2000 元以上，可以考虑周定投。尤其是在行情波动或者持续下跌时，分散投资能博取更多份额，有望赚取更多收益，并且短期内周定投更加灵活，便于调整。

定投有"黄道吉日"吗？根据经验，周定投可以选择每周的周四和周五，月定投可以选择每月的月末进行扣款。因为周初和月初可能是资金入场的时间，上涨的可能性较大，而周末临近休市，投资者倾向抛出股票持有现金，月末季末可能碰到月末季末资金流动性紧张引发的市场下跌，此时定投就能买入更多低价份额。

不过如果是长期持有，这些收益率差距应该不会太大，所以最重要的还是牢记定投的基本原则，坚持定投、及时止盈，相信花开会有时。

分析者言

我们尝试用上证指数模拟投资者投资区间（2005—2015 年）的不同周期定投方式的定投数据，设定定投期限均起始于 2005 年 6 月 30 日，周定投为每周五扣款，月定投为每月最后一个交易日扣款（不考虑手续费和分红）。我们模拟数据发现，对于长期的基金定投，日定投、月定投和周定投收益差距并不大，见表 4-4。

表 4-4　不同周期定投收益比较（%）

定投期限	周定投收益率	月定投收益率	月定投 – 周定投
1 年	48.84 (48.84)	49.97 (49.97)	1.13
3 年	83.09 (41.54)	83.60 (41.80)	0.51
5 年	75.61 (15.12)	75.73 (15.15)	0.08
10 年	91.11 (9.11)	91.20 (9.12)	0.09

注：1. 数据来源于 Wind。

2. 1 年期、3 年期、5 年期、10 年期上证综指平均年化收益率分别为 51.33%、46.66%、22.96%、28.71%（表中括号内数据为区间定投复合平均年化收益率），定投计算公式为 $M = a(1+x)[-1+(1+x)^n]/x$。式中，M 为预期收益；a 为每期定投金额；n 为定投期数，代表 n 次方；x 为年复合平均收益率。

因此，对于准备长期定投的投资者而言，相比于纠结定投周期的长短，一直坚持到止盈才是定投胜利的关键。

风险提示

基金定期定额投资并不等同于零存整取等储蓄方式，定期定额投资并不能规避基金投资所固有的风险，不能保证投资人获得收益，也不是替代储蓄的等效理财方式。

以上观点不代表任何投资建议，市场有风险，基金投资需谨慎。

基金定投的 3 种主流策略

（湖北　彭先生）

都说定投是"懒人"理财，但是在金钱面前，"懒人"也会变勤快。为了尝试获取更高的定投基金收益，我通过书本学习和网上交流，在实践尝试之后，为大家推荐 3 种市面上比较主流的定投策略。

第一种是大家常用的"一键定投"。具体操作方式为：第一次设置定投基金、定投日期、定投金额等指标，后期就会在指定的日期自动定投扣款，然后等着下轮牛市到来的时候绘制"微笑曲线"止盈即可。

其实这种定投方式有个学名叫"成本平均定投策略"。这种定期定额、设置一次后即可自动扣款的定投方式，适合平常没有太多时间的上班族和刚入"基圈"的新手，这也是我刚接触基金定投时采用的方式。虽然相较其他定投策略收益率优势很小，但因为简单、方便、快捷，所以在满足理财需求的同时，能多留出时间陪伴家人、专心工作，把精力放在其他事情上。

第二种定投方法叫估值定投法。巴菲特的老师——格雷厄姆曾经谈到，最优的投资组合就在于"风险投资＋固定收益"的合理配比。反映在市场中，就是牛市中你要有仓位，且仓位随着行情上涨而不断减少并增加固定收益产品的比例；熊市中，不断卖出固收产品，不断买入低估的权益投资，增加比例。

而估值定投法与这套原理类似，就是在市场股价普遍偏高（一般牛市股价普涨）的时候减少定投金额并逐步获利了结前期定投资金（止盈），而在市场股价普遍偏低（一般熊市股价普跌）的时候增加定投金额。

一般而言，A股具有代表性的大盘指数的平均股价高低，都与指数的估值指标PE（市盈率）和PB（市净率）呈一定正相关性，也就是股价高的时候估值高，股价低的时候估值低。

简单来说，估值定投法就是在大盘指数估值低于历史平均数（中位数）的时候多买，高于平均数（中位数）的时候少买甚至止盈。所以，这种定投方式适合有一定投资理论基础（至少知道PE、PB）并且有一定时间研究估值的理财进阶选手。根据理财专家及网友们的模拟测算以及个人实际经验，在相同周期内，估值定投法的效果大概率优于第一种"一键定投"的方式。

如果没有Wind、同花顺等专业工具，大家可以在第三方平台查看大部分宽基指数的估值信息，这样可以根据实时估值调整定投计划。

第三种定投策略叫均线定投法，就是根据相关指数的均线指标调整定投时间和定投金额。具体操作是，先选一个宽基指数作为参考指数，如沪深300、中证500、上证综指等，再设定一条基准均线，建议采用250日均线系统表征市场的中长期状态，因为250日均线为年线，是技术分析中的经典指标，稳定性较好。

扣款日前一天，比较当前指数与所选择的指数均线指标，如果指数价格高于均线，则减少定投金额；相反，如果指数价格低于均线，则增加定投金额。每次定投的增减金额，可以根据所选均线与指数的偏离幅度来定。

事实上还有根据基金净值或指数收盘价等来调整基金定投金额的方法，但所有策略的原理基本相似：当判断市场趋势走强时，就减少定投金额；当判断市场趋势走弱时，就增加定投金额。降低成本，越跌越买，所有的指标都是为了让自己更好地遵守纪律、坚持定投。更重要的是，不管哪种方法，都要止盈。一般简单的方法是翻番止盈，如果觉得极端可以采用总的收益率达到60%~80%开始部分赎回的方法。

最后，没有最好的定投方法，只有最适合自己的定投方法。以上就是我的一些基金定投心得，希望大家都能从投资理财中有所收获。

分析者言

由于资产价格均有均值回复特征，就是当价格短期跌幅较大时，后续向上反弹修正可能较大；而当价格短期涨幅较大时，则可能易于向下调整修复。因此，若能对这一特征加以利用，即在其偏离长期趋势向下调整时定投较多金额，而在偏离长期趋势向上快速上涨时降低定投金额甚至进行卖出，在逻辑上是有助于改善定投业绩的，尤其是对于那些波动较大的资产标的，这一策略的实施空间更大。

依据华宝证券计算数据，以中证500历史数据进行过模拟定投，将定投频率设定为月频，定投期限为5年。测试时间为2015—2019年，按日计算250日均线值，并进一步计算当日中证500指数对均线的偏离度，以及每日偏离度处于过去5年偏离度的分位数。设定均线偏离度分位数处于25%~75%时，属于正常偏离，此时采用定期定额的普通定投策略，即1000元/月。

当均线偏离度分位数处于历史前25%时，此时意味着市场过于强势，大幅回撤的风险加大，从而减少定投金额至定期定额普通定投策略每期定投金额的50%水平，即500元/月。

当均线偏离度分位数处于历史后25%时，意味着市场过于疲弱，此时市场筑底回升，反转向上的可能加大，因而加大定投金额至定期定额普通定投策略每期定投金额的1.5倍，即1500元/月。

从表4-5中的数据可以发现，均线定投策略相比普通定投策略，无论是在收益上还是在回撤控制上都有所优化，如果能够结合估值采取有效的止盈措施，效果将更加明显。

表 4-5　均线定投与普通定投效果比较

效果比较项	普通定投	均线定投
累计收益率（%）	-4.33	-2.05
最大回撤率（%）	-28.76	-28.16
年化收益率（%）	-0.89	-0.42
滚动 1 年平均最大回撤率（%）	-7.79	-5.80
Calmar 比率	-0.11	-0.07
夏普比率	-0.34	-0.31
投入总资金（元）	60 000	65 500

注：1. 数据来源于华宝证券。

2. 统计区间为 2015 年 1 月 30 日—2019 年 12 月 31 日。

3. 定投模拟不考虑分红和手续费等因素，2015 年 1 月 30 日—2019 年 12 月 31 日中证 500 的年化收益率为 -1.52%，定投计算公式为预期收益 = 每期定投金额 ×（1 + 收益率）[-1 +（1 + 收益率）的定投期数次方] ÷ 收益率。

风险提示

基金定期定额投资并不等同于零存整取等储蓄方式，定期定额投资并不能规避基金投资所固有的风险，不能保证投资人获得收益，也不是替代储蓄的等效理财方式。

以上观点不代表任何投资建议，市场有风险，基金投资需谨慎。

第五章
财策·人间巧艺夺天工

静心投资　远离噪声

（北京　赵女士）

"A 公司在××核心技术上获得重大进展，达到国际领先水平。"

"B 公司开市起停牌，据说有重大资产重组内幕。"

"C 公司最近接到大批订单，马上要扭亏为盈了。"

"国家今年要给 D 行业几十亿元财政补贴，属于重大利好。"

……

每当市场好转，各种消息就活跃起来了。

一些个人投资者炒股时热衷于此，总觉得不多掌握些消息，投资就一定是不靠谱的，于是时时盯着各种信息渠道，发掘各种蛛丝马迹。

我身边也不乏这样的朋友，但总能听到他们抱怨："我总是积极地关注市场的变化，但为什么会越理越乱，越投越亏呢？"

我只能这么说："你不知道投资常识里有个名词叫市场噪声吗？你的投资理财行为已经被市场噪声彻底扰乱了。"

面对市场噪声，最好的办法是远离它，然而围绕在我们周围的信息量庞大，各种信息交叉并行，要想真正远离有些不现实。然而，如果我们有能力确定哪些信息具备真正的参考价值，那么市场噪声自然就会浮出水面，轻松摒弃。

在这里，我给大家分享几点建议，希望能有所帮助：

1）可以从上市公司公告、季报、年报以及公司官方网站中获取相关客观信息。

2）专业、权威的第三方机构提供的信息平台能够为我们提供丰富的实用信息，如银河证券、海通证券等知名券商调研报告，中国证券报、上海证券报、证券时报等证监会指定信息披露报纸等。

3）针对媒体的报道与评论信息，我们应该独立思考，冷静对待。现实情况是，在充满利益关系的社会中，并非所有媒体都能对自己发布的信息完全负责。在这样的前提下，投资者有必要保持清醒的头脑，尽量选择从权威、专业、有口碑的媒体中获取有价值的信息。

4）对于他人的推荐或评论，更应该保持自己的分析与判断能力，提高自我对资本市场的认知、总结和获取投资行为的经验才是正途。

5）专业的事，交给专业的人。考虑到我们大部分人都是普通投资者，缺乏自购的投资时间、投资经验和投资能力，比较合适的方法是选择有长期优异业绩支撑、有行业口碑信誉的公募基金等资产管理公司帮助我们专业投资，组合投资。

只有这样，我们的投资理财、净值增长才能更有效地趋向长久和稳定，市场噪声也才可能真正远离我们。

分析者言

市场噪声听起来往往是非常"悦耳"的，在这些充满煽动性的话语感染下，投资者非常有可能听从并做出投资决策。

行为金融学认为，市场中的每一位投资者总是在投资开始时试图进行理性投资，但是由于不确定性的存在，投资者非常容易受到固有认知偏差以及自身心理因素的影响。而在这样的影响下，投资者并非会一直以理性的态度做出决策。于是，投资者会更加偏向于倾听、接纳市场噪声，而对有价值的信息置若罔闻。

市场噪声往往缺乏客观依据，代表着投资市场中不负责任甚至是错误的言论与评述，这对于投资者的投资理财规划有着很大的破坏性。

中国证券投资基金业协会《基金个人投资者投资情况调查问卷（2018年度）》数据所示（图5-1），有61.00%的投资者自己分析做出基金投资决策，有17.20%的人依据网上和媒体的投资专家的推介，有6.30%的投资者选择接收专业投资顾问辅导。另有50%左右的投资者选择信赖基金，认为基金具备专业优势。

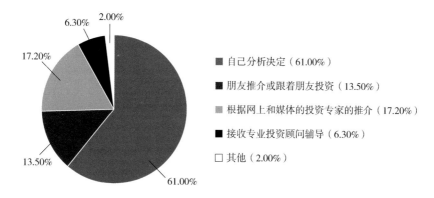

图5-1　基金个人投资者投资决策途径

注：数据来源于《基金个人投资者投资情况调查问卷（2018年度）》。

风险提示

以上观点不代表任何投资建议，市场有风险，基金投资需谨慎。

"鸡蛋"和"篮子"的配置哲学

（安徽　马女士）

从2013年开始，因孩子在国外读书，我在国外陪读了几年，间或在孩子暑假时一起回国探亲。

在国外，孩子教育、日常消费、饮食和文化、对于家庭和工作的理解等，与国内的差异较大。在投资理财领域，我最大的感受是，在国内，很多人的关注点永远是公司是否优秀、产品排名是否亮眼，收益永远排在首位；而在国外，人们会更关注理财计划是否合适、产品组合的长期执行效率如何，更加重视资产配置的合理性。

对资产配置有了更多了解和接触后，我受益良多，在这里和大家分享一二。

比起收益，更畏惧风险

其实外国朋友也很看重收益，但他们对于风险更加畏惧、对于资产收益的高波动更加厌恶，他们更喜欢较长时间、相对稳定的回报。举个例子，如果和他们聊"更高收益"，他们会警觉和怀疑；但如果聊"更有趣或有效的投资方法"，他们会兴趣盎然。

大家深信，世上没有只赚不亏的投资产品和投资理论，单一的投资产品都有其局限性。比如投资股票型投资产品，牛市来了固然很好，但熊市引发的高波动也着实令人烦恼；但如果投资债券型、货币型投资产品，风险是低了不少，但获利能力也丧失了很多，再如高收益的房产投资，流通性会比较差、变现能力也比较困难，且容易受到外部政策的影响。

"我们不能把宝完全押在同一类产品上，否则投资收益将完全被它左右，投资回报不会稳定，风险的防范也会大幅下降。"所以，大家都会选择分散投资，将自己的资产分布在不同的领域中，让不同的投资产品相互弥补缺陷，进而保障整个投资组合的安全。

"鸡蛋"，当然要放到不同的"篮子"里才放心。

更少的交易成本

大家做好一个资产配置计划后，会留出比较充足的时间来观察和验证，一般不会轻易调整或短期摒弃。这固然是投资者本身对于长期投资、价值投资的认可，同时也是为了努力降低高频买卖的支出费用。

要知道，我们每进行一次买入卖出的交易，都必须付出一笔交易费用，一些投资品种还有管理费、交换费用、佣金等。当波段操作时，如果波段收益不足以抵付交易时所发生的所有费用之和，波段操作会得不偿失。

我的基金配置经验

作为家庭理财的主心骨，我自己的基金配置是"1∶1∶1"策略，即股票型基金、债券型基金、货币型基金各占 1/3。股票型基金用来博取收益，债券型基金用来平衡组合风险，货币型基金用于家庭日常流动性开支。

我父母都 70 多岁了，很难接受高波动高风险，我给他们的配置建议是"95% 债券型基金 + 5% 的股票型基金"。基金组合的整体波动性是比较小的，而 5% 的高风险品种则是满足老年人对于高收益的念想，有则锦上添花，亏了也影响不大。

这几年，我一直为孩子存一笔钱，用途不固定，创业、买房、结婚等，配置策略是（80% A 股市场股票基金 + 20% QD 股票基金）。之所以全为高风险品种，是我考虑到持有时间足够长（10 年以上），短期的高波动性可以忽视，且"国内 + 国外"的配置思路也能分散部分单一市场的投资风险。

最后，给大家分享莎士比亚名著《威尼斯商人》主人公安东尼奥的一段话："感谢我的命运，我的买卖成败并不完全寄托在一艘船上，更不是倚赖着一处地方；我的全部财产，也不会因为这一年的盈亏而受到影响，所以我的货物并不能使我忧愁。"

分析者言

20 世纪中叶，美国经济学家哈里·马科维茨认为大多数投资者的首要投资目标就是减少风险，或在现实条件可行的情况下尽可能地规避风险。他通过研究发现，一个管理良好的投资组合会有效地分散市场风险，从而获得高于平均收益率的稳定回报。

哈里·马科维茨撰写的《资产组合选择》(*Portfolio election*) 被誉为现代资产配置理论的发端。1990 年，因为在资产配置理论研究上做出的贡献，他还获得了当年的诺贝尔经济学奖。

如今，资产配置理论在家庭、个人、企业的财富规划领域得到了广泛应用。根据 Brinson、Hood 和 Beebower 的研究报告，美国退休基金在 1977—1987 年取得的超额回报中，约 91% 是归功于资产配置决策，如图 5-2 所示。

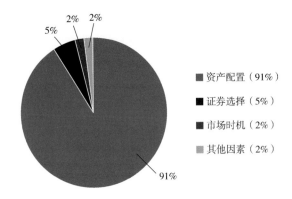

图 5-2　美国退休基金超额回报来源（1977—1987 年）

注：资料来源于 Ibbotson Associates。该研究基于基金 1977—1987 年的季度业绩数据。交叉产品约占差异的 2.1%。

风险提示

以上观点不代表任何投资建议，市场有风险，基金投资需谨慎。

我的低成本投"基"攻略

（山西　张女士）

对于普通人而言，投资基金不仅要追求适当的回报，也要尽量避免不必要的成本开支。当然，我不是建议大家选择那些"费率低廉"或者"净值偏低"的基金，而是倡导基金投资应该更长时间地持有，尽量减少不必要的申购赎回成本。

基金和股票是不一样的

身边有很多朋友认为基金和股票属于同一类投资产品，既然二者都具备"买的人多了就会涨，卖的人多了就会跌"属性，那么操作应该是一样的！

其实不然，股票市价高，很多时候是其内在价值发生一定偏离；而基金净值高，说明它管理的资产在不断增值，二者是不一样的。一些基金上涨较快、净值较高，说明该基金投研实力较强，能够很好地把握投资时机，但这并不意味着风险就越高。基金的风险主要来自基金投资组合中资产的风险，与基金收益高低没有关系。

此外，基金短期的获利空间比股票小。通常一只基金会同时投资几十只甚至上百只股票，因为基金的组合投资比较分散，所以短期收益不会像单只股票那样高。由此，基金高抛低吸、频繁交易的空间也要小于股票投资。

所以，我们不能简单套用投资股票的经验来投资基金。

算一笔基金交易账

通常，股票交易一次需要 0.10%～0.30% 不等的手续费，相对股票来说，基金的交易费用要高一些。以某混合型偏股基金为例，其 50 万元以内的申购费为 1.50%，如果你持有该基金不到 1 年需收取 0.50% 赎回费，如果持有不到 1 个月则收取 0.75% 赎回费，如果仅持有几天赎回费高达 1.50%。简单计算基金买卖 1 次，我们需要支付 2%～3% 的交易成本。

如果频繁买卖基金，很可能降低你既有的基金投资收益，这并不合适。我在报纸上曾看到这样一组数据，1984—1998 年的 14 年间，美国共同基金平均投资收益超过 500%，非常可观，但很多投资者的最终收益仅为 186%，余下的 314% 收益则是因频繁买卖而损失的。

低成本并不意味着低产出

减少申赎买卖，降低不必要的投资成本，这意味着我们需要更长时间的持有。短期内，基金的投资业绩或许不如股票，甚至有较高的波动；但在长期持有的发酵下，很多短期的风险能够被熨平或分散，基金回报有望持续。

美国华尔街的券商曾对投资 S&P 指数的赚赔概率进行过统计分析，得出了这样的结果：投资时间越长，赔钱的概率越低，赚钱的概率越大，见表 5-1。

表 5-1　投资美国 S&P 指数的赚赔概率

投资时长	赚钱概率（%）	赔钱概率（%）
1 天	55	45
1 个月	60	40
1 年	65	35
5 年	95	5

注：数据来源于《在餐厅遇见巴菲特》。

分析者言

令人鼓舞的是，当下投资者对于长期持有的理念非常认可，频繁申赎的比例在持续降低。

中国证券投资基金业协会《基金个人投资者投资情况调查问卷（2018年度）》数据显示，2018 年度基金投资者整体持有期限比 2017 年上升，其中，持有期 1~3 年的投资者比例为 32.50%，持有期 3~5 年和 5 年以上的投资者比例分别为 11.60% 和 8.00%。

与此同时，基金公司也在鼓励持有人长期投资，持有期较长的投资者将获得不同程度的费率优惠。见表 5-2，持有某混合基金 7 日内赎回费高达 1.50%，但持有 1 年后赎回费降为 0.25%，持有超过 2 年后赎回费为 0。

表 5-2　基金产品日常赎回费

基金产品	日常赎回费				
某混合型基金	$Y<7$ 日	7 日 $\leq Y<30$ 日	30 日 $\leq Y<1$ 年	1 年 $\leq Y<2$ 年	$Y \geq 2$ 年
	1.50%	0.75%	0.50%	0.25%	0
某债券型基金	$Y<7$ 日	7 日 $\leq Y<1$ 年	1 年 $\leq Y<2$ 年		$Y \geq 2$ 年
	1.50%	0.10%	0.05%		0

注：数据来源于华商基金官网。

风险提示

以上观点不代表任何投资建议，市场有风险，基金投资需谨慎。

原来基金组合也会失灵

（北京　韩先生）

试问，现在还有谁只持有一只基金呢？当下基金组合是很普遍的，很多人持有 2 只以上的基金。比如，我在 10 余年的投基过程中，持有基金超过 20 只，涵盖股票、混合、债券、货币、ETF、中短债、量化等多种类型和主题。

做基金组合，最大的乐趣在于对冲、缓和产品的单一风险。简单来说，今天收盘结束，你持有的基金 A 亏了 800 元，但持有的基金 B 涨了 1200 元，如此你今日的收益仍有 400 元，投资体验还是很好的。

然而，没有一蹴而就的投资。在基金组合配置方面，我也走过不少弯路、交过不少学费，在这里和大家分享一下。

产品选错了！不要忽视相关性

印象中第一次做基金组合，是买了名称截然不同的两只股票型基金。一段时间下来，两只产品的业绩要么都涨、要么都跌，感觉丝毫没有风险分散功能，很是失望。

细请教后才知道，原来我忽视了基金产品的相关性。要知道，股票型基金的表现通常和股市呈正相关，即股市涨，股基涨；股市跌，股基也会跌。那么在下跌的市场中，我们持有的多只股票型基金均会出现不同程度的亏损，很难分散风险，更谈不上获取良好收益了。只有持有不同类型、不同投资风格、不同操作理念的基金，才能发挥发散投资的最大效用。

这么看来，我仅是做了同一市场的重复投资，并没有实施真正意义上的基金组合。于是，我在持有两只股票型基金的基础上，增配了一只债券型基金、一只货币型基金。

比例失调了！要建立核心

无论是在财经访谈、基金投资者教育，还是在财富管理咨询等互动环节上，理财顾问通常都会问你同样的问题：你的投资目标什么？你能承受多少风险？你准备投资多长时间？这 3 个问题其实都指向你的基金组合比例。

如果你的投资目标是 10 年的购房准备金或者 20 年后的退休养老金，那么你配置的核心应当是较高风险收益水准的偏股型基金，让其在较长的时间内发挥获利效能，部分或少量的资金可配置债券型基金，适当发挥分散风险作用。

如果你想获得长期持续、较低波动性的收益，那么你配置的核心应当是债券型基金，剩余部分配置一些股票型基金、指数型基金，捕捉部分 A 股上涨带来的超额收益。

如果你的投资目标是家庭日常理财，需要保持较高的流动性和较低的风险，那么你配置的核心应当是货币型基金，债券型基金和偏股型基金可少量酌情配置。

做好组合不用再去看管吗？定期检视很必要

做了契合的基金组合后，是不是可以不闻不问，长期持有就好？并不是，我们付出的都是平日辛苦积攒的钱，所以必须做好定期检视。我的习惯是以1年为周期。如果时间太短，短期波动变化较大，很容易干扰判断。

检视什么呢？其实主要就是观察你基金组合中收益贡献最大及拖累最大的产品，评估看是否增持（收益贡献最好的品种）或减持（收益拖累最大的品种）。但要注意的是，不要太看重太短期的业绩（如1个月或3个月），应选取9个月及更长时间的业绩表现，同时还要将之与同类风格的基金品种综合评判。对于那些长期表现不佳的品种，可酌情减持和替换。

分析者言

时下，基金投资者对于资产配置、基金组合理念越来越认可。

中国证券投资基金业协会《基金个人投资者投资情况调查问卷（2018年度）》数据显示，基金个人投资者在一定程度上做到了金融资产多样化配置，近90%投资者投资2类及以上金融产品，其中26.30%投资者投资3~5类金融产品，6.30%的投资者投资5类以上金融产品，如图5-3所示。

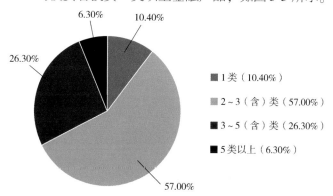

图5-3 基金个人投资者投资的金融产品种类数量

注：数据来源于《基金个人投资者投资情况调查问卷（2018年度）》。

与此同时，投资者也期望获得专业的资产配置服务，58.80%的基金个人投资者认为投资顾问只需要提供建议即可，还有21.70%的投资者表示很需要投资顾问提供必要的资产配置服务，如图5-4所示。

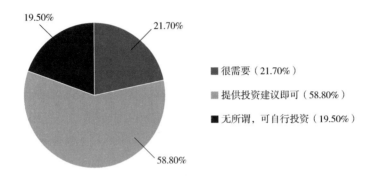

图5-4　基金个人投资者是否需要投资顾问提供必要的资产配置服务

注：数据来源于《基金个人投资者投资情况调查问卷（2018年度）》。

风险提示

以上观点不代表任何投资建议，市场有风险，基金投资需谨慎。

亏损后的"心灵按摩"

（北京　陈女士）

市场有风险，不可能所有投资都能稳赚不赔，有赚有赔才是正常现象，基金投资也是如此。我买基金有近10个年头了，整体来看我还是有盈利的，但要是细分各个年份，其实也亏过几年。

埋怨？"割肉"？

在最开始投资基金的几年时间里，每逢看到基金净值下跌，我总是充满了怨气、质疑基金产品、质疑背后基金管理人、质疑所有推荐过这只基金的朋友……焦虑、愤怒、埋怨，除了让心情更差以外，对投资本身并没有任何帮助。

其实投资理财就是选择一份不确定性，既有赚钱的不确定性，也有亏钱的不确定性，我们既然享受了赚钱的乐趣，也必须承担亏损的风险。

亏损了，"割肉"离开好不好？身边不乏这样的朋友，稍有风吹草动，如亏损3%~4%，就立即改换产品或"走为上计"。这种操作乍一看很灵活，也远离了套牢，但考虑到基金的买卖成本，如此频繁申赎不仅亏空了已有的收益，还白白浪费了不少交易费用，并不划算。

不要轻易把账面的浮亏变成真正的亏损。忍耐和乐观、忘记本金、不看净值，这是我的建议。

为什么是亏的？

从焦虑、愤怒、埋怨中挣脱出来后，可以试着站在中立的角度分析一下，我选择的产品有问题吗？我持有的基金为什么是亏的？

从风险测试来观察，我是积极型投资者，自问能够承担一定的风险，那么主投股票的偏股型基金是合适的选择，基金品种没有选错；从我持有的这只混合型偏股基金来说，中长期历史业绩都还不错，基金经理从未更换过，公司口碑也不错，这也说明了我的选择并没有发生偏离。

为什么会亏？其实看看股市就能明白，上证综指、深证成指、沪深300等重要股票指数都下跌了30%，说明股市目前处于震荡下跌的熊市，"覆巢之下安有完卵"！基金净值下跌也是可以理解的，况且15%的亏损其实比股指要低一些，说明基金经理的组合投资、分散风险正在发挥有效作用。

只要冷静下来，从多个角度进行对比分析，从亏损心情中走出来其实不难。

追加！追加！

经历过牛熊市的老资格投资者都明白，当基金投资亏损到一定程度、股市非常萧条甚至无人问津的时候，其实是可以冒险的，虽然接下来未必是反弹和上涨的机会，但未来继续下跌的空间可能是有限的。当股市从连续下跌阶段转到震荡阶段，我一般会选择追加一部分资金到持有基金中。

面对亏损，多一些主动和贪婪，已经成为我的投资定律。

分析者言

面对亏损，选择止损的投资者永远是少数，毕竟把浮亏变成"实亏"很多时候得不偿失，多数人还是选择了继续持有和等待。

中国证券投资基金业协会《基金个人投资者投资情况调查问卷（2018年度）》数据显示，40.50%的基金个人投资者未设立止损，29.80%的基金个人投资者虽然设立了止损，但未严格执行，如图5-5所示。

与此同时，随着持有基金年限的增长，投资者面对亏损时的焦虑情绪持续得到缓解，对基金投资风险的认知也更加深入。数据显示，6.90%的基金个人投资者表示不会因为投资损失而出现情绪焦虑；36.50%的基金个人投资者在亏损比例达到10%～30%时才会有明显的焦虑，32.80%的基金个人投资者在亏损比例达到30%～50%时才会出现明显的焦虑（图5-6）。

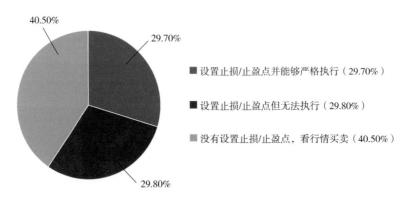

图5-5　基金个人投资者是否设置止损/止盈点并严格执行

注：数据来源于《基金个人投资者投资情况调查问卷（2018年度）》。

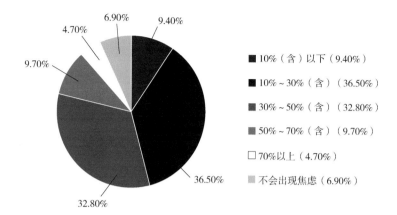

图 5-6　基金个人投资者出现明显焦虑的投资亏损比例

注：数据来源于《基金个人投资者投资情况调查问卷（2018 年度）》。

风险提示

以上观点不代表任何投资建议，市场有风险，基金投资需谨慎。

债基好买手

（北京　张先生）

很多人投资基金主要是奔着收益去的，所以偏股型基金永远是大头，而问津债券型基金（以下简称"债基"）的人其实不多。我一直认为家庭收入主要来自工作，投资理财的收益是锦上添花，所以我买基金更偏重于风险与收益的均衡，一直以债基为主，配以少量的货币基金和股票基金。

投资债基这些年下来，我的投资体验是舒适的（适合我的风险承受能力，契合我的投资需求和财务状况），收益也不错（充分认可，完全满足预期值），投资理念、投资信念、投资心态更加夯实、平和、长远（对风险的足够认知，没有对收益的过度追求，投资行为相对更理性和清醒）。

债券投资中学问很大，我在这里与大家分享一些投资心得。

纯债基：远离股市波动，值得拥有

好多朋友问我买什么债基好，我的答案永远是"纯粹的债券基金"。顾名思义，纯债基就是所有资产专注债券市场（投资债券资产比例一般不低于基金资产80%），不参与股票投资（不打新股，不在二级市场交易股票）。远离股市的牛熊变幻，我们的投资收益的波动性会更加平滑一些，我们的投资心境也会少一些焦虑和抱怨，可以避免一些不必要的交易成本。

对债感兴趣，但舍不得放弃股票收益怎么办

股票的吸引力很大，放弃很难，那么有没有两全其美的办法？我认为有两种选择：一种是做股债基金组合，持有偏股型基金的同时配置一定比例纯债基，股债均可兼顾。另一种是投资一级债基或者二级债基，这两类债基均有不同比例资金投资股票市场。两者不同的是，一级债基有不超过20%的资产可打新股，但不能进行二级市场股票买卖；二级债基不超过20%的资产既可以打新股，也可以在二级市场买卖股票。两者都有不超过20%的钱在股市里，二级债基的投资范围更大些，收益攻击性也更强些，风险也相应增加。大家可根据自己的风险偏好做选择。

短债基金：更低的风险，流动性更强

短债基金是纯债基金中的小众品种，因投资的债券期限短而得名，具体有多短呢？打开某短债基金招募说明书一栏可看到："本基金所指的短期债券是指剩余期限不超过397天（含）的债券资产，包括国债、地方政府债、金融债、企业债、公司债、央行票据等。"

更短的期限，意味着更高的流动性和灵活性；相对于货币市场基金，短债基金投资范围更广，投资标的久期更长，在收益空间上更有竞争力；短债

基金一般不参与股票投资，收益也不受股市波动影响，安全系数相对一级债基、二级债基、长期纯债基金要高一些，净值波动也小一些。

定期理财可选定期债基

定期债基有些特殊，简单来说，它有一个固定的投资封闭期，如1年或者2年，投资封闭内无法申购，投资封闭期结束后会有几天的开放期，开放期结束后才可以自由申赎。

投资定期债基好处在于获得投资纪律傍身，锁定投资期限和规划。比如我有一笔闲钱，计划1年后旅游或者买车，那么就可以买一只1年期的定期债基，待1年后赎回即可。

定期债基种类较多，有1年、2年等长期限的，也有3个月、21天等短期限的，方便我们灵活选择。

值得注意的是，定期债基种类包括纯债基、二级债基等，买入时一定要仔细了解基金招募说明书的投资范围和投资比例信息，结合自身投资目标、风险承受能力综合选择。

债基 A/B/C

我们经常在债基名字后缀看到 A/B/C，如某纯债基金 A、某纯债基金 C 等，它们唯一的区别在于收费方式的不同。

见表5-3，某纯债基金 A 收取申购费、赎回费，赎回费随持有时间增长逐渐减低费用直至为0，不收取销售服务费；某纯债基金 C 收取销售服务费和赎回费，但持有时间超过7天就不再收取赎回费，同时不收取申购费。

做选择的话，如果你计划长期持有，建议选择 A 类份额，持有时间越长，赎回费用越少，超过2年后赎回费率为0，相对比较划算；如果你只是短期持有（如6个月），建议选择 C 类份额，一是没有申购费用，二是持有7天后赎回费也免去了，短期投资性价比更高。

表 5-3 同一只债基、不同份额的费率比较

费用类别	某纯债基金 A	某纯债基金 C
管理费	0.70%	0.70%
托管费	0.20%	0.20%
销售服务费	0	0.40%
申购费	0.80%（$0 \leqslant M < 100$ 万元） 0.50%（100 万 $\leqslant M < 300$ 万元） 0.30%（300 万 $\leqslant M < 500$ 万元） 1000 元/笔（500 万元 $\leqslant M$）	0
赎回费	1.50%（$Y < 7$ 日） 0.10%（7 日 $\leqslant Y < 1$ 年） 0.05%（1 年 $\leqslant Y < 2$ 年） 0（2 年 $\leqslant Y$）	1.50%（$Y < 7$ 日） 0（$Y \geqslant 7$ 日）

注：数据来源于华商基金。

分析者言

投资者选择债券型基金大都是冲着"收益相对较稳、风险较低"来的，但债券型基金较低风险收益特征仅相对股票市场而言，其实债券本身也有一些投资风险，如利率风险、信用风险、政策风险、流动性风险等，这些都会不同程度地影响我们的基金收益，甚至会发生一定的账面亏损，所以对于债基风险还是要谨慎看待。

在 2004—2018 年的 15 年时间内，债券型基金盈利的年份共有 13 次，其中 2007 年收益最高为 20.03%，2013 年收益最低为 0.27%；债券型基金亏损的年份共有 2 次，分别为 2004 年的 -2.53%、2011 年的 -2.58%，如图 5-7 所示。

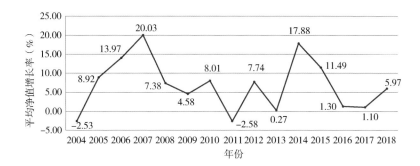

图 5-7 普通债券型基金 2004—2018 年各年度平均净值增长率变化

注：数据来源于中国银河证券基金研究中心。

风险提示

以上观点不代表任何投资建议，市场有风险，基金投资需谨慎。

独立思考妙招之钻研季报

（湖北　侯女士）

我从事的职业是园林规划和景观设计，最需要静下心来独立思考，思考设计规划的合理性，琢磨如何符合人文和大自然规律，比较忌讳人云亦云和过多地采纳多方意见。同理，在基金投资这方面，我也一直努力保持独立思考，明明白白做投资，远比跟随大流好得多。

有效独立思考的前提是掌握较多的客观信息。而作为普通持有人，真正做到这一点其实很难，毕竟现在搜集到的信息有很多虚假成分和不专业的部分，很容易混淆视听。我觉得基金是相对公开、透明、信息披露多的投资品，我们只要定期阅读基金季报等定期报告就能独立思考。

为什么会赚？为什么会亏？

其实在季报公开披露之前，我们早已知道持有的基金在上季度赚了多少钱、亏了多少钱。抛开主观情绪，我们一定想知道赚钱、亏钱的背后原因，既不用猜测，也不用咨询专家，打开季报就能清清楚楚、明明白白。

以某混合型基金季报为例，基金经理在运作分析中已明确告诉我们是抓住了周期品种和科技板块的结构性上涨机遇，如图 5-8 所示。

> **4.4 报告期内基金投资策略和运作分析**
>
> 2019 年四季度，随着经济数据的好转以及外部环境的稳定，市场风险偏好逐渐上升，市场结构上也出现了较大的转变。四季度电子、化工、有色、机械、汽车、采掘、建材等周期性板块出现了一定幅度的上涨，同时传媒、新能源汽车等 2019 年相对滞涨的成长股也表现较为出色。而前三季度表现较好的必需消费品板块相对表现较弱，如食品饮料和医药。从本基金的配置来看，下半年进行了一些结构上的改变，仓位也仍保持较高，减持了医药等非周期品种，增加了有色、化工、航空、社服等周期品种，对于科技方向如电子和计算机仍保持了较高的仓位。

图 5-8 某混合型基金季报运作分析（截图）

注：数据来源于华商基金。

择时看仓位，择股看配置

业绩好，是基金经理择时择股能力最直观的表现。在季报中，我更关注基金仓位和行业配置数据，原因如下：

1）当市场处于上涨区间时，基金股票仓位同步提高，说明该基金经理有效择时，大概率能获得超额收益；反之，该基金经理可能会错过这波上涨。

2）当市场下跌区间时，基金股票仓位同步下降，该基金经理进行了有效择时，这只基金的亏损风险得到一定程度降低，持有人利益得到了保护。反之，可能或遭到较多亏损。

如今市场上很少能看到普涨的局面，大部分是结构性局面，一部分行业会涨，一部分行业可能不涨或者下跌，所以基金经理的择股能力也很重要。我们可以观察季报中的行业配置数据，如果基金经理重仓的行业与市场中上涨行业匹配，说明这位基金经理的择股能力很强。反之亦然。

当然，单个季度的数据无法充分说明基金经理的择时择股能力，要结合多个季度季报综合看待，有能力有时间的朋友可以尝试用 1 个完整牛熊周期来观察数据。某混合型基金季报之仓位和行业配置数据见表 5-4、表 5-5。

表 5-4　期末基金资产组合情况

序号	项目	金额（元）	占基金总资产的比例（%）
1	权益投资	1 331 993 743.24	81.11
	其中：股票	1 331 993 743.24	81.11
2	基金投资	—	—
3	固定收益投资	10 038 000.00	0.61
	其中：债券	10 038 000.00	0.61

注：数据来源于华商基金。

表 5-5　期末按行业分类的境内股票投资组合

代码	行业类别	公允价值（元）	占基金资产净值比例（%）
A	农、林、牧、渔业	—	—
B	采矿业	8 986 650.00	0.55
C	制造业	596 093 789.10	36.67
D	电力、热力、燃气及水生产和供应业	2 872 260.00	0.18
E	建筑业	—	—
F	批发和零售业	26 202 000.00	1.61
G	交通运输、仓储和邮政业	248 850 082.29	15.31
H	住宿和餐饮业	73 630 731.06	4.53
I	信息传输、软件和信息技术服务业	250 686 605.18	15.42
J	金融业	60 454 961.99	3.72
K	房地产业	—	—
L	租赁和商务服务业	64 160 073.38	3.95
M	科学研究和技术服务业	—	—
N	水利、环境和公共设施管理业	6 578.04	0.00
O	居民服务、修理和其他服务业	—	—
P	教育	—	—
Q	卫生和社会工作	—	—
R	文化、体育和娱乐业	—	—
S	综合	50 012.20	0.00
	合计	1 331 993 743.24	81.95

注：数据来源于华商基金。

重仓股的蕴藏属性

季报有一栏会披露基金重仓的 10 只股票，十大重仓股可以进一步佐证基金经理的择股能力，十大重仓股占基金净值比重的数据则可以帮助我们了解基金持股是否分散。如果其占比超过 50%，说明这只基金持股比较集中，在上涨时有望取得较多回报；如果持股相对分散，那么在疲软环境下，控制下行风险的能力相对更加出色。

如果看到某些重仓股在几个季度内一直存在，也从侧面反映出这位基金经理或许是价值投资风格，注重"以时间换空间"，换手率相对较低。

不过，季报只披露前十大重仓股，而年报和半年报中则披露全部持股情况，有数十只或上百只股票不等，通过半年报、年报来观察基金经理投资风格、换手率更加靠谱。

至于换手率高低孰好孰坏，确实不好评判，市面上一些基金通过长期稳健的操作取得较高收益，也有一些基金通过频繁换手取得了不错的超额收益。

"不了解不买入，不信任不重仓"，这句是我非常喜欢的投资格言，也分享给大家。

分析者言

行为金融学研究表明，人们投资时喜欢用"试探法"，即依靠常识和直觉，而不是依靠具体的事实和明确的推理论证，既高估了自己的判断能力和认知能力，又低估了各类风险，往往很容易被一些错误信息误导，从而导致投资不顺利。

理性投资之路知易行难。侯女士能够保持独立思考，定期了解分析基金季报数据，不随波逐流，这种理性的投资行为值得称赞。

再次给大家提供一些基金信息披露方面的信息，帮助大家更好地获知基金运作。

1）关于季报。基金管理人在季度结束之日起 15 个工作日内编制完成基金季度报告，将季度报告登载在规定网站上，并将季度报告提示性公告登载在规定报刊上。

2）关于半年报。基金管理人在上半年结束之日起 2 个月内编制完成基金中期报告，将中期报告登载在规定网站上，并将中期报告提示性公告登载在规定报刊上。

3）关于年报。基金管理人在每年结束之日起 3 个月内编制完成基金年度报告，将年度报告登载在规定网站上，并将年度报告提示性公告登载在规定报刊上。

4）关于招募说明书。基金合同生效后，基金招募说明书、基金产品资料概要的信息发生重大变更的，基金管理人在 3 个工作日内更新基金招募说明书和基金产品资料概要，并登载在规定网站上。

5）关于临时信息披露。基金发生重大事件，有关信息披露义务人在 2 日内编制临时报告书，并登载在规定报刊和规定网站上。

风险提示

以上观点不代表任何投资建议，市场有风险，基金投资需谨慎。

基金减压"转"字诀

（北京　孙女士）

身在熊市，市场整体下跌，偏股型基金净值下滑在所难免，要想获得正收益难上加难。眼瞅着浮亏增多，压力巨大。每每聊及此事，身边朋友皆大倒苦水。

老资格的投资者对于"牛熊场面"见怪不怪，也都拿出自己的"抗压"绝活。有的以不变应万变，有的设定 3 年期的长期持有时间，不看每日净值、屏蔽股市声音；有的构建股债均衡的基金组合，发挥分散风险、降低损失的作用；还有的主动出击，逢低加码，为市场反弹回升积攒更多力量。

但对于涉及基金不久的普通投资者而言，投资经验是欠缺的，对于波动和亏损的心理准备势必不足，因为参与投资而承受了过大压力，又该如何减压？

我是不主张卖掉基金的，一是有悖于投资的初衷，二是性价比不合适。卖掉手头基金再去买其他基金，不仅要付出不菲的赎回费和申购费，而且期间所需时间冗长，整套流程下来至少5个工作日。我建议尝试使用基金公司提供的"基金转换"服务。

什么是基金转换呢？打个比方，你持有基金A1万份基金份额，通过基金转换功能就可以将已持有的基金份额转换成基金B的基金份额，期间你无须进行先赎回基金A再申购基金B的冗繁操作，整个转换过程两三天即可完成，省时省力。

如果市场进入调整期、波动较大，压力过重的投资者不妨将手头偏股型基金转换成较低风险的债券型基金、货币型基金，可适当规避投资风险；当看好后市或者市场已明显处在牛市区间时，可将手头债基、货币基金转换成以偏股型基金，更好地抓住市场上涨机遇。当然，如果你持有的某只基金基本面出现较大变化，不再适合继续持有，也可以转换为其他有潜力、契合自身风险承受能力的基金，保障投资计划顺利进行。

基金转换不仅能有效减压、节省交易时间，还能省去一些交易费用。基金转换费用为（转出基金赎回费用+转出与转入基金申购费用补差），从申购费用高的基金向申购费用低的基金转换时，一般不收取申购补差费用。也就是说，将手头的股票型基金、混合型基金转换为债基或货币基金，就省去了一笔补差费用。

投资市场中，感受到投资压力的人并不是少数。1987年10月19日，美国道琼斯当日重挫508.32点，美国耶鲁大学经济学教授罗伯特·希勒分别给2000名个人投资者和1000名机构投资者发去调查问卷。结果显示，20.30%的个人投资者和43.10%的机构投资者在10月19日当天不同程度体验到了投资压力的症状，如精神难以集中、发汗战栗、胸痛、烦躁和心跳加速，股指波动越激烈，人们的血压和脉搏上升得就越厉害。

压力无处不在、无时不在，我们唯有不断地储备投资知识、丰富投资经验和把握投资技巧。与君共勉。

分析者言

规避风险、方便快捷、经济实惠，是基金转换的重要特色，且基金转换实施起来也非常便利，投资者可以直接登录基金公司官网、基金手机 App 即可快捷完成转换业务。

基金手机 App "基金转换" 两步走（以华商基金 App 为例）。

步骤一：打开基金 App，在你持有的基金产品页面找到并点击"转换"按钮（图 5-9）。

图 5-9　基金产品页面

步骤二：进入"转换"页面，输入想要转换的基金名称，输入转换的基金份额数量，点击"转换"确认即可完成（图5-10）。

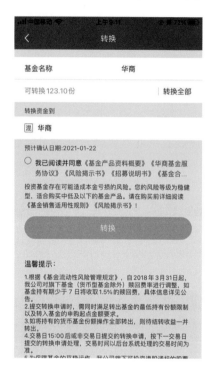

图 5-10　转换页面

另外，需要特别提醒的是：

1）基金转换只能在同一家基金管理公司的同一个基金账户下进行，且转换对象只能为同一家基金公司旗下的产品。持有 A 基金公司的产品肯定不能转换为 B 基金公司的产品。

2）同一家基金公司未必所有的基金都可以进行转换，如正在封闭期运作的基金、暂停申购的基金等。具体的转换信息、收费方式应以其《基金合同》《招募说明书》和基金公告的相关规定为准。

3）基金是一种比较适合长期持有的投资品，基金转换不能太频繁，三思而行。

> **风险提示**
>
> 投资者购买货币市场基金并不等于将资金作为存款存放在银行或者类似金融机构,基金管理人不保证基金一定盈利,也不保证最低收益。
>
> 以上观点不代表任何投资建议,市场有风险,基金投资需谨慎。

新旧基金选择之我见

(北京　韩女士)

为朋友推荐基金往往费力不讨好,尤其是对缺乏投资经验的新手小白,要格外谨慎。每每这个时候,我一般都会给他们推荐过往业绩口碑不错、波动性小一些的老基金。因为老基金一般都有可追溯的历史业绩,这些历史业绩可以佐证这只老基金的投资价值,而新发的基金产品没有历史业绩参考,所以推荐老基金在逻辑上更靠谱些。

但我总会在推荐完毕后向他们科普一些基金知识,明确告诉他们"基金投资有风险,历史业绩并不能代表未来。"永远要记住,绝不要给朋友描绘过于美好的投资预期,一定要强调客观和理性。

"牛市买老"的逻辑

在单边上涨的行情中,老基金的股票仓位一般都比较高,且股票组合早已建仓完成,大概率能够同步跟随市场上涨。新基金募集完成后都有几个月不等的建仓期,资金很难充分利用,有可能错过这波上涨机遇。两利相权,还是老基金更合适些。

然而近年来,各类股票普涨的局面已经很难见到了,更多的是结构性牛市,也就是有些行业、主题涨得很猛,有些行业、主题未必涨甚至有可能跌。

这么来看，牛市中有一些老基金其实未必能抓住上涨机遇，所以在选择老基金时，基金经理择股能力也是一个很重要的考虑因素。

如何选择老基金

一是看业绩。这个指标最容易获取，从基金公司、报纸网媒、电商平台、第三方评价机构都能快速查询，可以参考净值增长率、同类业绩排名、星级评价综合类考量。

在这里我有两点建议供参考：其一是观察业绩不要只顾短期排名，更多要参照中长期的业绩，这样更具代表性；其二是其实每年业绩排名靠前的基金都不太一样，所以选择时未必一定要选择排在前几名的基金。我更看重稳定性，会观察这个产品在过去有没有挣到实实在在的正收益、其上下起伏的波动性是不是够小。

二是看公司。也许有人问，选大公司不就行了？我想说的是，一些中小型公司走得"精品店"路线，会更偏重某一领域，如权益类方向、量化方向、固定收益类方向等，其某一领域投资能力也许更强。所以，不要只看公司规模大小，要更应该关注这个公司旗下的基金是否都比较优秀。举个例子，你要买入股票型基金，如果这家公司旗下股票型基金业绩普遍都不错，并非"一枝独秀"，则值得推荐。

三是看基金经理。观察短中长期业绩与排名数据、佐以权威荣誉奖项其实已经足以证明其能力，在这里不再赘述。

什么时候可以买新基金

在震荡市或者单边下跌的熊市中，选择新基金更合适。

基金经理在熊市中可以有充裕的时间观察市场、择机低位建仓，为市场反弹积攒力量；新基金正处于建仓期，一般仓位较低，震荡下跌对基金净值影响也比较小。且新基金的买入成本比老基金普遍低0.20%～0.30%。反观老基金的高仓位优势在熊市中可能成为劣势，股市下跌，老基金的净值下跌势必很难避免。

此外,如果你要配置一些如沪深300、中证500等指数型基金,那么也建议选择新基金。指数基金为复制指数成分股及指数走势,并不依靠基金经理个人能力来择时择股,所以新老基金区别不大,新基金的较低买入成本成为优势。

分析者言

一般而言,新基金的认购费用普遍低于老基金的申购费用,两者相差0.10%~0.30%。当然货币基金除外,货币基金认购费、申购费、赎回费皆为0。

韩女士的经验分享还是比较中肯的,"牛市买老、熊市买新"的说法由来已久,也有一定概率的合理性和可操作性。但她也提到了,证券市场充斥着不确定性,并没有一劳永逸、永远正确的选择。

我们选择投资基金是由于信任基金,看中其在未来的长期空间里为我们提供资产保值增值的服务,无论是老基金还是新基金,对基金未来的投资收益的影响其实都不大。

如果您对费率并不太敏感,建议还是首先关注基金公司、基金经理的投资能力和过往业绩,同时保持较长时间的持有,观察时间和市场的长期验证。

股票型、混合型、债券型基金认购费用与申购费用比较见表5-6。

表5-6 股票型、混合型、债券型基金认购费用与申购费用比较

基金类型	投资金额(万元)	认购费率	申购费率	两者比较
某股票型基金	$M<50$	1.20%	1.50%	0.30%
	$50 \leq M < 200$	1.00%	1.20%	0.20%
	$200 \leq M < 500$	0.50%	0.80%	0.30%
	$M \geq 500$	1000元/笔	1000元/笔	0
某混合型基金	$M<50$	1.00%	1.20%	0.20%
	$50 \leq M < 200$	0.60%	0.80%	0.20%
	$200 \leq M < 500$	0.30%	0.40%	0.10%
	$M \geq 500$	1000元/笔	1000元/笔	0

(续)

基金类型	投资金额（万元）	认购费率	申购费率	两者比较
某债券型基金	$M<100$	0.60%	0.80%	0.20%
	$100 \leqslant M < 300$	0.40%	0.50%	0.10%
	$300 \leqslant M < 500$	0.20%	0.30%	0.10%
	$M \geqslant 500$	1000元/笔	1000元/笔	0

注：数据来源于华商基金。

风险提示

以上观点不代表任何投资建议，市场有风险，基金投资需谨慎。

星级评价越来越靠谱了

（北京　薛先生）

基金就是江湖，每一个投资者都有自己的"绝技"，有人崇尚高大全的基金公司，有人追随业绩出色的基金经理，有人信奉"收益为王"，有人则充分发挥自己的择时能力。

我属于忙碌的工薪阶层，工作的事情已经让我焦头烂额了，几乎没有闲暇时间放在基金投资上。所以，我买基金非常简单直接，就是观察基金评级，也就是俗称的"数星星，买基金"。即一些第三方机构会根据基金的投资管理能力、历史业绩、稳定性、回撤、流动性、费率等属性综合对基金进行打星，星星越多说明这只基金表现越好，最高为5星。

从鱼龙混杂到规范长期

早些年里，各类机构、媒体、平台都会推出基金星级评价，评级市场鱼龙混杂，有专业的，有不专业的，甚至有诱导销售的，且多是以周、月、季、年为期限的短期排名。这些短期排名随机性、针对性过强，缺乏基本和全面的参考标准，其实并不靠谱。为此，我也吃过几次亏，背后深层次研究后发现其实都是"短视"惹的祸，这也为我以后的"长期投资信念"打下了根基。

记得是 2010 年以后，突然感觉基金评级市场规范了很多、评级机构少了很多，且短期的星级评价也基本上看不到了，能够查询的时间跨度都是 3 年期以上。我个人感觉这是一件好事，毕竟基金运作的时间越长，它的投资能力和风险管理结果也会越来越明显，这样得出的数据才会比较客观和靠谱，才是值得参考的。

基金评级是开始，而不是结束

基金评级确实非常好用，这是我这些年的投资体验。通过基金评级选出的基金，可能不是业绩最高的一批，但风险收益性价比确实比较合适。

但我们也要清醒地看到，基金评级只是我们投资的开启。

第一，优秀的星级基金数量并不少，所以除了观测星级指标，我们还需要多了解基金背后的基金公司资质、基金经理实战经验、自己的风险承受能力、投资需求、流动性要求等，多方面进行抉择。

第二，星级是依据基金过往业绩做出的评价，但不能预测基金未来收益的好坏。市场瞬息万变，过去的高星级排名并不能保证未来会继续带来亮眼回报。我们需要做的是给予长时间的观察和验证，做好定期检视和调整的准备。

分析者言

为了提供专业的基金评级指导，截至目前，共有 10 家机构具备基金评级评价资质，这些机构的评价结果具备专业性和参考性。同时，基金评级的时间跨度增长为 3 年期以上（含 3 年期）。

这 10 家专业机构的评级结果见图 5-11，是值得投资者信任的基金投资参考。

图 5-11　中国证券投资基金业协会 10 家基金评价机构公示

注：数据来源于中国证券基金业协会官网。

基金星级评价，并不是买入和卖出基金的唯一依据，切记。

如果一只基金失去了 1 颗或 2 颗星，这并不意味着这只产品业绩变差、并不意味着你要卖掉它，或许是这只基金产品波动性发生变化，也或许是当期标的市场不好导致，需要进行综合判断。

当然，如果一只 5 星基金下一阶段下掉至 1 星，就要格外留神和当心了。

风险提示

以上观点不代表任何投资建议，市场有风险，基金投资需谨慎。

下 篇
基金经理来信

第六章

对话·术业专攻可闻道

如何获得超额收益

（华商基金　周海栋）

为保持对市场清醒、独立的判断，在整个投资逻辑的思考和推理过程中，我做的是推敲前提假设，而非简单推敲而得出结论。如果逻辑过程和前提假设站得住脚，最终的结论就是一个自然而然的结果。每个人有不同的结论不是最重要的，真正重要的是你能否接受结论前的假设。

其实我的投资思路比较简单：在有把握的行业中，寻找未来 1～2 年趋势向上的优质公司。

对不确定性的不同定价，可能是超额收益的来源

从业 12 年，我投资经历的起点是行业研究员。但与大多基金经理不同，我并非"科班出身"，我在本科阶段读的是化学专业。那时候如果仅凭我的简历其实很难进入金融行业，而我刚好是因为有化工的背景，才幸运地获得了金融行业的实习机会，得以从化工行业研究员一步步走过来。

在公募基金行业历练多年，我涉猎的行业早已不再局限于化工。在近几年对市场行情的判断中，我的分析覆盖 TMT［包括科技（Technology）、媒体（Media）和通信（Telecom）］、银行、医药、非银金融等行业，也涉及房地产和利率债等。对大家眼中的不确定性，我将其理解为一种期权，是未来可能的超额收益来源。一旦某个不确定性因素超预期向好，某些行业反而会出

现向上的窗口，如果这个行业当前的估值也较低，那就为投资提供了更好的向下保护。

如何能够精准判断市场？推敲的是假设而非结论

2018年上半年，我对市场判断的基调是"谨慎"，彼时不稳定的国际市场环境和医药行业带量采购短期内对 TMT 行业和医药行业都造成了一定影响，我通过个股选择较好地规避了部分风险。到2018年年底，我认为当时的投资性价比已经很高，果断提高了基金持股仓位，"吃到了"2019年年初股市反弹的行情。

如何能够比较精准地判断市场走势？其实我很少判断市场，在对市场梳理一个完整逻辑的过程中，核心的要素应该是不断推敲前提假设而非推敲结论，而通常影响市场的核心假设或者输入变量变化并不频繁，因此其结论也很少有大的变化。

价值投资被逐渐接受，理财可以交给专业机构

在普通投资者眼中，稳定持有大盘蓝筹股、分享优质龙头公司盈利增长是价值投资。我认为，价值投资的标签贴在某一类公司上有些欠妥，市场上各种类型的公司都有进行价值投资的机会。股票的价格是由公司价值决定的，价值的来源是这家公司未来的现金流，而历史或狭义的价值只是决定未来的一个方面，并非全部，而企业的核心价值来源于未来而非历史，因此我们的研究工作就是研究现在和未来之间的差距，找出收益风险比更优的公司。

无论对价值投资怎样定义，投资者已开始慢慢接受价值投资理念、长期投资理念，这对市场的长期稳定发展都是有利的。除此之外，机构投资者等专业投资者的占比不断提升，也让 A 股市场加速走向成熟，不断地给市场强化价值投资理念。相对而言，普通投资者在 A 股市场可能很难战胜市场，那么应该转变理念，可以让专业机构去做"代人理财"这件事情。

个人简介

周海栋，华商基金权益投资总监、权益投资部总经理，华商甄选回报混合型基金基金经理，华商恒益稳健混合型基金基金经理，华商盛世成长混合型基金基金经理，华商策略精选灵活配置混合型基金基金经理，华商新趋势优选灵活配置混合型基金基金经理，华商优势行业灵活配置混合型基金基金经理，华商乐享互联灵活配置混合型基金基金经理。管理学硕士，12.3 年证券从业经历。曾任上海慧旭药物研究所研究员，上海拓引数码技术有限公司项目经理，中国国际金融有限公司研究员，2010 年 5 月加入华商基金管理有限公司。

风险提示

以上观点不代表任何投资建议，市场有风险，基金投资需谨慎。

追求绝对收益　保持长线投资耐心

（华商基金　李双全）

在 2010 年加入华商基金之前，我曾经在韩国 SK 能源公司以管理培训生的身份工作了两年，除了财务，还涉及整个行业上下游的各个部门。因此，我对一个公司内部各个部门如何运作都有直观的了解，也知道一个决策从出台到实施会经历哪些步骤，大概到什么时间段能表现出什么样的结果。

投资是一个过程而非结果

对公司决策和运作过程的了解，让我在理解公司的决策时会更加理性，而不会盲目相信一些特别不合理的事情。由于我深知公司的一个决策从做出到实施再到兑现成经营成果是需要过程的，是一个逐渐兑现的过程，从而会对公司的业绩成长性有一个更踏实的理解，不会特别急功近利。这样在调研的时候，我与企业经营管理层沟通时才会更有共鸣、更接地气。

"弱格局"首重企业中短期经营业绩

在"弱格局"的市场中，标的公司的实际经营情况和当期业绩情况显得格外重要。也就是说，要把公司的中短期经营业绩放在首位。同时，在市场调整过程中，标的公司风险的相对可控也很重要，因为这对控制基金净值的回撤比较有利。在满足这两点的基础之上，还要考虑中长期维度上行业和公司的成长性。要多思考这个公司所在的行业是不是一个朝阳行业，公司自身能不能成为这个朝阳行业里的龙头公司。总体而言，值得重点关注的股票，不仅"风险收益比较合适"，而且要在未来几个季度之内能够看到比较明显的上升空间。

均衡配置，追求绝对收益

我不会刻意地和大家保持一致或者不一致，这是根据自己的选股习惯自下而上精选的结果。从我管理的角度来看，我会把仓位保持在一个相对稳定的水平。我希望能够以时间换空间，所以不会去博短期的主题和热点，也不会追求短期的爆发性。同时我还希望能够找到真正具有成长性的公司，通过长期持有的方式来分享公司成长的收益，最终在公司的市值和基金的净值上有所体现。

个人简介

李双全，华商基金权益投资部副总经理，华商景气优选混合型基金基金经理，华商龙头优势混合型基金基金经理，华商改革创新股票型基金基金经理，华商双驱优选灵活配置混合型基金基金经理，华商未来主题混合型基金基金经理。经济学硕士，10.4 年证券从业经历。曾就职于 SK 能源公司，从事财务工作；2010 年 4 月加入华商基金管理有限公司。

风险提示

以上观点不代表任何投资建议，市场有风险，基金投资需谨慎。

研究创造价值　坚持自上而下选股

（华商基金　童立）

善谋远见者胜。投资的过程是结合历史，立足现在，对未来做出判断，并基于这样的判断逻辑进行相应的投资布局。

总的来说，我的投资理念主要有三点：第一，坚信研究创造价值的投资理念；第二，绝对收益的投资导向；第三，自上而下的投资体系，从宏观大势研判到行业选择再到具体公司研究的分析逻辑，层层推进。

回顾自己的从业经历，我相信投资收益尤其是长期收益率的核心来源一定是深度研究。这份深度研究来自对宏观背景、产业趋势、公司商业模式与治理结构的辨别和把握能力，唯有如此才能创造持续、稳定的收益率。

宏观大势的研判主要包括宏观经济发展阶段、政策导向及一定的全球视野。每一个阶段的宏观经济都是由长中短等不同维度的周期叠加而成，自上而下的投资视角需要去辨别不同的经济周期并做出大致正确的判断。

对于行业选择而言，我们应始终立足于社会发展的时代背景。不同的行业在不同的经济阶段拥有不同的势能，对于投资者而言，立足于宏观所处阶段的判断，应将配置更多地放在符合时代发展背景的行业与公司上。我们在2018年提出配置的核心方向是"制造业升级＋消费升级"，这一配置方向至今未变。

最后，我认为对于主动管理型的基金经理，其核心价值在于能够为持有人创造长期稳定、可持续的收益率。我自己管理产品的理念是希望无论投资者什么时候买入我的基金，只要有相对长的持有周期，最终都能够为持有人创造合理的回报。我想这也是公募主动管理型基金经理存在的价值和意义。

个人简介

童立，华商基金研究发展部副总经理，华商科技创新混合型基金基金经理，华商上游产业股票型基金基金经理，华商新锐产业灵活配置混合型基金基金经理，华商研究精选灵活配置混合型基金基金经理，华商主题精选混合型基金基金经理。经济学硕士，9.2年证券从业经历。2011年7月加入华商基金管理有限公司。

风险提示

以上观点不代表任何投资建议，市场有风险，基金投资需谨慎。

量化基金适合长期定投

（华商基金　邓默）

如何更直观地理解量化投资？华尔街量化投资大师詹姆斯·西蒙斯曾打过一个有趣的比喻："量化投资就好比科罗拉多州的粗放型农耕，中间架一个喷灌，然后四周是一大圈的麦地，随便一个麦穗儿可能长得并不怎么样，但是大部分的麦穗都长得还不错。"

时至今日，量化投资已经成为比肩判断型投资的重要投资方式。近几年来，公募量化基金的整体发展非常稳健和迅速，行业在投资品种的多样性以及满足不同投资需求的产品策略开发上都有较大幅度的突破和进步。业界对借助量化模型对海量数据客观精密测算、有效追踪资金真实流向和判断阶段性时点、克服人性情绪干扰的量化投资决策普遍认可。

以我个人管理的量化投资为例，主要以多因子选股的量化策略作为投资依据，并结合团队的整体判断形成最终的投资决策。所用的因子池主要包括盈利、成长和估值，也考虑流动性和市值等因子，其中我会着重考量业绩因子（毛利率、净资产收益率、每股收益、现金流）和估值因子（利润收益率、平均市净率）。我们首先对量化数据进行初步的处理和清洗，选择景气度较好的行业，之后对较好的不同行业中的个股数据进行横向比较，之后利用量化模型，结合因子数据进行打分，选择综合打分较高的个股进入我们的备选股票池。也就是说，我们的模型是自上而下构建的，而不是自下而上地从选取 alpha 出发，是首先基于行业 beta。

基金调仓频率一般在 1 个月左右，遇到极端市场情况频率会更高一些。我们主要是通过策略回测来验证模型，然后通过对模型效果实时地检测以及及时调整模型参数和设置来完善量化模型的有效性。由于我们很多核心因子是基于基本面业绩，因此整个模型换手较低，可以有效降低调仓时的流动性冲击。

能够提供持续稳定收益，很好地控制风险和回撤是好的量化模型和基金的标准。作为量化基金经理应该具备对量化模型的掌控能力、对金融数据的理解能力以及对市场变化的适应能力。对于具体的评价标准，首先我们要观察量化模型在模拟盘中的表现，检验我们的算法是否在持续创造超额收益；在实盘操作中，我们还会定期回看实际的盈利情况和模拟盘的偏差，测算投资组合的风险暴露情况，考察申购赎回和仓位限制对于净值的影响等，最终的目标就是可以稳定地跑赢产品所对应的基准指数。

在量化基金品种的选择层面，站在普通投资者的理财需求角度，我更倾向于业绩相对稳定、回撤较小、能够提供相对其基准的长期稳定超额收益的量化基金产品，并建议投资者采用定投的方式长期参与。随着资本市场的逐步开放以及投资者结构的逐渐变化，公募基金产品的投资模式将越来越为市场所接受，一个基金产品的评价应该以 3 年甚至以上的时间来考察基金经理的投资能力，可以长时间处于中上游业绩的基金产品才是未来更适合投资者持有的品种。

个人简介

邓默，华商基金量化投资总监、量化投资部总经理，华商量化优质精选混合型基金基金经理，华商新量化灵活配置混合型基金基金经理，华商量化进取灵活配置混合型基金基金经理，华商动态阿尔法灵活配置混合型基金基金经理，华商红利优选灵活配置混合型基金基金经理。数学博士，9.3年证券从业经历。2011年6月加入华商基金管理有限公司。

风险提示

基金定期定额投资并不等同于零存整取等储蓄方式，定期定额投资并不能规避基金投资所固有的风险，不能保证投资人获得收益，也不是替代储蓄的等效理财方式。

以上观点不代表任何投资建议，市场有风险，基金投资需谨慎。

做投资不要过于被宏观预判所左右

（华商基金　张永志）

事实上，没有任何人能够完全准确地预测未来利率变化、宏观经济趋势以及股票市场走势。因此，投资不要过于被未来利率、宏观经济和股市预测左右，而应该集中精力关注你投资的公司正在发生什么变化。

可能很多人认为，平日光鲜亮丽、精英范十足的基金经理每日只紧张于开盘的4个小时，其实基金经理的工作时间是不固定的。基金经理开盘时间需要全神贯注、分秒必争，压力极大。下班之后还需要进行大量调研，除了上市公司已披露的数据，每天还需要看几十份甚至上百份研究报告，早晨8:00到晚上12:00都能收到工作信息，甚至每日要接收几千条微信消息。信息纷繁复杂，基金经理的工作就是在繁杂的信息中抽丝剥茧、精准判断，为投资者带来长期稳定的投资收益。

作为公募基金经理，我一直认为，只有从团队协作与个人能力两方面各取所长、"双剑合璧"才能"独步天下"。我们面临的市场非常大，A股有3000多只股票，发债企业可能比上市公司的数量还要多，从个人的角度难以覆盖众多公司，还有其他宏观、微观经济等因素，所以团队的协作肯定是非常重要的。对基金经理而言，团队只是提供这些基本素材，如企业基本面情况、宏观经济分析等，而最终的操作、选择、对股债配置比例的判断还是需要基金经理来做决策。

我管理基金较为注重的还是操作层面，从实践的角度来讲，太宏观的问题没有必要过于纠结，原因如下：第一，经济周期、牛市起点等观点，从经济学的角度来讲，本身就存在很大争议；第二，从指导投资的角度，新周期起点与否区别并不是很大，因为每一轮周期的起点都不尽相同，并且也不会完全是前一个周期原地踏步的循环。

具体到债券的投资，我更关注货币政策，因为货币政策决定了债券市场的方向。

个人简介

张永志，华商基金固定收益部副总经理，华商信债精选债券基金经理，华商稳定增利债券型基金基金经理，华商可转债债券型基金基金经理，华商收益增强债券型基金基金经理，华商瑞鑫定期开放债券型基金基金经理，华商稳健双利债券型基金基金经理，华商双翼平衡混合型基金基金经理。经济学硕士，14.7年证券从业经历。曾任工商银行青岛市市北一支行科员、科长，海通证券债券部交易员，2007年5月加入华商基金管理有限公司。

风险提示

以上观点不代表任何投资建议，市场有风险，基金投资需谨慎。

携手优质公司　做时间的朋友

（华商基金　何奇峰）

近年来，A股风格变化日趋剧烈，结构性特征不断加深，能够看到不断有股票屡创历史新高，也能看到不少股票持续走低，愈加复杂的市场也对公募基金等专业投资者的要求越来越高。

股票市场永远是宏观经济和产业变迁的"晴雨表"。从中短期来看，股市反映的是行业和公司的趋势变化；但从长期来看，股市是上市公司的"称重器"，优秀的公司往往能够获得长期的投资回报。而我的选择正是自上而下与自下而上相结合，寻找产业变迁进程中的行业机会，投资行业景气度上行趋势中的优势公司，并与这些长期优质的公司做"时间的朋友"，同时合理分散和规避投资风险。

说到"挖掘长线牛股"，我的经验是首先要观察这家企业所处的行业赛道，所谓"男怕入错行，女怕嫁错郎"，只有身处非常宽、非常长的赛道当中，这个行业才会大概率出现大市值的企业；同时，我会重点考察行业赛道内各家企业的管理层团队，伟大的公司都是由优秀的管理团队造就的。考察企业管理层，最重要的是看管理者是否有企业家精神，是否有宽广的视野和胸怀，是否能够勤勉尽责，不断学习、不断升级迭代自身的知识和能力水平，是否能够为股东创造长期价值。

这里需要提醒的是，很多人愿意从商业模式、品牌价值、渠道深度等所谓的"护城河"角度界定企业竞争力和寻找好的投资标的，我个人认为这更多是价值型个股的分析角度，而不是成长型企业的选择标准。

从业多年，我对基金经理这份工作一直保持热爱，这是一个充满挑战性和成就感的职业。从管理伊始，你就与投资者建立了信任托付的关系，你必须勤勉尽职，时刻想着持有人利益，在控制风险的基础上努力获取尽可能多的投资收益。同时，面对纷繁复杂的证券市场，你也必须保持开放的学习心态，不能因为过去的成功经验或者失败教训形成对某些行业和公司的固有偏见，而应该尽量客观、公正地看待事物变化，从中寻找投资机会。

我非常认同"专业的人做专业的事"。普通投资者的知识背景、时间精力、对波动的容忍度等往往很难比肩机构投资者，那么不妨做个"甩手掌柜"，选择值得长期信任的专业投资机构帮助自己理财，这样既能获取长期可持续的回报，又能让自己有更多的时间和精力享受生活。

以上是我的一些发自肺腑的感受，希望能与大家共勉。

个人简介

何奇峰，华商健康生活灵活配置混合型基金基金经理，华商消费行业股票型基金基金经理，华商价值共享灵活配置混合型发起式基金基金经理。经济学硕士，13.8年证券从业经历。曾任赛迪顾问股份有限公司高级分析师，长城证券金融研究所行业研究员、行业部经理，2010年2月加入华商基金管理有限公司。

风险提示

以上观点不代表任何投资建议，市场有风险，基金投资需谨慎。

不预测市场　寻找景气度向上行业

（华商基金　高兵）

我不善于预测市场，并且一直认为单纯预测市场、预测指数是比较困难的，干扰因素太多。

以过去几年的行情为例，有时候即使判断对了市场，同样也会错失结构性的机会。因为过去几年在国内外各种干扰因素的共同冲击下，可以看到在医药、建材、消费甚至 TMT 领域诸多细分赛道的龙头公司市值不断创出新高，美股纳斯达克同样也是如此。所以，在实际投资中，纯粹地预测市场缺乏实用意义。

在指数震荡期间，投资回归本质——投资上市公司的价值，而非投资市场趋势或经济前景。好行业和好公司，不管市场如何波动，其股价和市值总是不断地随着基本面的兑现不断创出新高，哪怕是在股灾和熔断之后。

什么样的公司才具备牛股潜质？"必须是契合当时经济社会发展特征的企业。"例如，1990—1994 年上证指数在 1000 点上下震荡，但是在家电消费需求释放的背景下，有的上市公司业绩复合增速高达 54.60%，股价复合增速高达 167%。同样的牛股还出现于 20 世纪 90 年代后期，计算机热潮下的电脑软硬件企业、加入 WTO 背景下的集装箱公司、21 世纪初住房改革背景下的龙头地产公司，以及 2000—2008 年消费模式升级下的家电零售龙头企业。

对于具体的投资策略，我目前主要坚持自上而下的行业配置思路，对个股的选择没有太多的束缚和偏见。市场上每天每个人要汇聚的信息量都是海量的，而我们每一个人的精力又是有限的，因此我选择聚焦在医药、消费和科技领域，这让我有更多的时间沉静下来思考。我一直坚持"医药＋消费＋科技"的配置思路，这个思路构成我本人组合管理的基础框架——"守正出奇"。以相对确定的阿尔法应对不确定性的世界，此为守正；以具备较强贝塔属性的阶段性科技型品种偏离，此为出奇。确定性强的医药和消费可以守正，同样确定性强的科技股亦可以守正。

只要符合衡量阿尔法品种的标准，我们都可以将之作为压仓品种，其中标准里面我们考虑较多的是净资产收益率和现金流。在不打破这个框架的基础上，我本人会阶段性地在消费、医药与科技之间进行适度偏离。

我们的投资将会始终面临各种不确定性，国际形势的复杂性、多变性将会成为我们投资的常态化环境。在各种不确定性中，我们要寻找的是相对的确定性，只有高净资产收益率、现金流能力强的公司才更有能力应对这种不确定性。医药和消费领域的优质龙头公司天然具备这种属性。

此外，信息化应用创新是未来不可逆转的趋势，这种趋势无须过多考虑国内外各种干扰因素，实际上每次回过头来看都是庸人自扰。我坚信国产化替代将会在硬件、软件和服务各个领域全面展开，不确定的无非是节奏问题，但比较确定的是未来3~5年的产业发展趋势。随着国产化集采招标的不断落地，各个细分赛道的龙头公司即将迎来未来几年的业绩高速增长。这些龙头公司的市值最终能够走到哪一步取决于他们能够占领的市场份额，从投资的角度我们不去对这些公司进行过早的判断，只要始终坚持配置的思路。

个人简介

高兵，华商新兴活力灵活配置混合型基金基金经理，华商智能生活灵活配置混合型基金基金经理。工程硕士，10.6年证券从业经历。曾任普华永道中天会计师事务所高级审计师，2010年2月加入华商基金管理有限公司。

风险提示

以上观点不代表任何投资建议，市场有风险，基金投资需谨慎。

但无稍停行渐前

（华商基金　吴昊）

对于广大的投资者而言，基金的投资管理难免有晦暗玄虚、难以捉摸之感。可能大家更为关注的还是业绩的曲线，但是复杂市场环境中的复杂问题又怎么能是一条简单的曲线可以说得清楚的呢？须知，曲线好的时候也并非风平浪静，往往也会有问题和危机的成分；曲线不好的时候也并非全无是处，通常也预示着新的边界的延展。这种道理又何止限于区区的股票投资呢。但是无论如何，合格的投资策略一定是有着坚实的逻辑推演和意义内涵。至于业绩表现，长期来看则都是其设计思想和投资理念的自然体现。所以说，这又是"诚于中而形于外"的。

投资是件苦差事，每天都要与市场、产业和个股打交道，其更新迭代之快仍让人应接不暇。在这种背景下，固守成规无疑是"刻舟求剑"的执念，所谓"苟日新，日日新，又日新"，"断腕式"的自省与自新是我们每天都要面临的压力。纵使自认为夙兴夜寐，亦常感力有不逮。而我想要找的是怎样的一条投资之路呢，这条路上没有零和的"激烈搏杀"和旦夕的"生死压力"，只有源自对投资本源的追寻和探索。

坦诚而言，我的投资手段与其他专业投资者并无二致，所赖两点持而保之：一曰"广"；二曰"深"。其中，"广"指的是覆盖范围，平日所学、所见、所想，无一不纳入研究，尽量不致遗漏；"深"指的是深入程度，产业周期的景气特征、经营周期的兴衰交替、市场周期的估值轮回，层层入微，复杂交错，共同作用成为投资周期上的时间和空间。只有看得广才能不偏不倚，只有看得深才能不离不弃。每一个点都需要通过研究和跟踪做细致入微的观察分析才能确认，毕竟投资说到底还是从实证中来，到净值里去，马虎不得。

我们总是在谈论超额收益，超额收益究竟是什么呢？说到底就是正向的不对称收益。那么这种不对称的收益从何而来？我个人认为，要么来自信息的不对称，要么来自认知的不对称，所有投资方式概莫能外。显然，我们在追求后者。而所谓的"更好的投资策略"，之于生性驽钝的我们就像是驴子头前挂着的胡萝卜，永远吃不到，但是永远在追逐。或是另辟蹊径，或是持续精进，总之是争驰一路，未敢稍停。好在我相信，"心诚求之，虽不中，不远矣"！粗知陋见不胜惶恐，还望各位投资者不吝赐教！

个人简介

吴昊，华商领先企业混合型基金基金经理，华商高端装备制造股票型基金基金经理，华商新常态灵活配置混合型基金基金经理。经济学博士，10.3年证券从业经历。曾任国都证券有限责任公司研究员，2011年11月加入华商基金管理有限公司。

风险提示

以上观点不代表任何投资建议，市场有风险，基金投资需谨慎。

"千人千面"中寻"价值"模样

（华商基金　彭欣杨）

一千个人眼中有一千个哈姆雷特。同样，一家上市公司的核心竞争力也是一个"千人千面"的问题，如何才能有效率地寻找价值、发现价值和投资价值？

首先，要想在市场中长期生存并获得持续的收益，决不能想当然地靠一时冲动来决定交易行为，必须形成适合自己的投资风格，这是作为专业投资者安身立命的根本。我的投资风格偏向"价值成长"型，专注成长股投资。我认为我国是成长型社会，会不断涌现成长型机会，成长股选手会有更广阔的发挥空间。在投资风格的形成过程中，公司成熟、严谨的投研体系、可充分交流的共享平台及可大量参考借鉴的投资实战经验，让我受益良多。

面对千变万化、纷繁复杂的市场形势，一套完整可行的投资策略不可或缺，它能最大限度地帮助我们去芜存菁，防范风险，锁定中长期的投资机会。我个人主张"自上而下与自下而上相结合"，即根据宏观基本面辨识中期具备确定成长性的行业作为配置方向，进而根据自下而上的策略筛选出该方向上最具确定性成长的个股。

那么回归到"千人千面"问题上，虽然每一家企业的核心竞争力都不尽相同，可能是技术，也可能是管理，但简单归结一下共性其实就是"只有它能做到，别人做不到"的能力。在具体的挖掘途径上，依旧是"自上而下与自下而上相结合"。自上而下，是从行业对比出发，选择最符合社会发展趋势的赛道，要观察其是否具备足够大的空间和足够好的竞争格局；自下而上，是在赛道上对公司进行筛选，选择最具核心竞争力的公司去投资。

身处行业其中，我的认识是，基金行业本质上是一种关于信托的行业，投资者把钱托付给基金公司，基金公司把钱投资于企业，链接整个链条的纽带是信任。在这个链条中，基金经理是其中的枢纽点。所以，基金经理必须时刻维护投资者的根本利益，通过自己的勤奋、专业、敬业来识别机会、做出投资，把募集的资金投入最值得信任的企业，如此才能维系和巩固整个信任体系，才能为投资者获取收益，才能为企业发展助力。

我对我国资本市场的发展前景非常乐观，随着国家对资本市场重视程度的不断提高，以及我国法制化进程的不断推进，资本市场将成为老百姓分享发展成果的平台。我希望广大投资者都能够通过投资基金过上长久富足的生活，也希望基金经理与投资者彼此的信任关系能够更加紧密和长远。

个人简介

彭欣杨，华商产业升级混合型基金基金经理，华商价值精选混合型基金基金经理。理学硕士，10年证券从业经历。曾任广发证券股份有限公司研究员，2012年3月加入华商基金管理有限公司。

风险提示

以上观点不代表任何投资建议，市场有风险，基金投资需谨慎。

成长是最好的"护城河"

（华商基金　梁皓）

股票投资的本质是理解市场规律，但参与者本身也是市场的一部分，宏观背景的变化和参与者的学习进化都在不断改变市场规律。因此，很难寻找到一个固定的套路长周期地战胜市场。

投资者在市场获得的收益可以分为两部分：一部分是投资者之间的零和博弈；另一部分是企业成长带来的收益。从这个角度看，选择成长性好的公司，长期持有，分享企业成长带来的收益，不失为一个很好的投资方法。在这一方法中，难点是如何寻找好的行业和成长性好的公司，因为时代在变，产业发展周期变迁，每个时代的明星行业和明星公司都是不同的。

考虑到我国经济增速放缓，未来整个市场的机会将更多地来自科技创新、产业升级和消费升级带来的结构性机会。当前阶段，这些行业就是我们这个时代的好行业和好赛道。

基金投资是组合投资，我构建投资组合的核心原则是去赚取企业成长带来的收益，自上而下地选择符合时代背景的好行业，在好的赛道上自下而上地选择成长性好的公司，长期持有分享企业成长带来的收益。

在风险控制方面，一方面，通过控制单一行业的配置比例、相似逻辑和影响因素的投资方向的配置比例，达到控制整个组合风险的目标；另一方面，在整个组合的投资久期上保持平衡，使整个组合处于一个比较均衡的状态。

个人简介

梁皓，华商基金权益投资副总监，华商双擎领航混合型基金基金经理，华商万众创新灵活配置混合型基金基金经理，华商创新成长灵活配置混合型发起式基金基金经理，华商鑫安灵活配置混合型基金基金经理。理学博士，9.8年证券从业经历。曾任中国中投证券有限责任公司研究员，2012年5月加入华商基金管理有限公司。

风险提示

以上观点不代表任何投资建议，市场有风险，基金投资需谨慎。

追求最优的满意化投资者

（华商基金　陈恒）

买还是卖？这是个问题。

问题背后考验的不仅是各种研究方法和投资风格，也透射出投资者的理念和决策类型。

在投资的"江湖"中，招式繁复，流派纷呈。有的把价值投资奉为圭臬，有的坚信天下武功唯快不破；有的看破涨涨跌跌不过花开花谢，有的追求极致"追涨杀跌"；有的认为十八般武艺必须样样精通，艺多不压身；有的苦练一着，独步天下。更有甚者，不顾底线，内幕交易，以身试法。

如何保持初心，找到最适合自己的投资方法，是一场伴随投资生涯始终的修行。修行中必有苦楚、迷茫、畏缩，前进中必见荆棘、陷阱、断崖。

三重境界，见天地，见自己，见众生。

只有见过众生后，重雾始消，真相才现。三者的关系如点线面。初入门，讶异于涨跌停之间，羡慕于暴富崛起，于是苦习屠龙技，狂练擒牛手，模仿中得见天地两点极值，曰：我看人。继而摸索出一些心得，清楚了己之长短，晓知取长补短，扬长避短。实战中得见自己所处之地，曰：人看我。百战后方见众生，知弱水三千只取一瓢饮。清楚各方观点诉求，以人之心度己之心。全面中寻得悠然之地，遂觉今是而昨非，曰：我看人看我。

然而，这不算结束，众生多变，不容得偷懒。每家上市公司都在时刻变化着，市场上每天都有新的消息，你的想法可能也受到环境影响像雾像雨又像风。找到合适的信息筛选方式，拥有完整的投资体系加上健康的投资观念，才能输出满意的答案。

涨跌停都是结果，抽丝剥茧寻找原因才是正道。要占据先机，无非两个优势，即信息优势和逻辑优势。信息优势不仅是快人一步，更重要的是厘清主次，分析轻重；逻辑优势也不单单只是几个不变的模型，更需要的是实事求是的更新和自我否定，克服刻板印象，归因错误和自我服务偏见。

学而不思则罔，思而不学则殆。每天执着于市场，喜忧于涨跌之间，则会迷惑而无所得，也欣赏不出市场之美。时刻停留在投资方法之争，欣怒于论道输赢，则会倦怠而无所得，也辨别不出各道优劣。

行为学里决策风格分为两类：最优化决策和满意化决策。最优化者希望在所有的答案中找寻完美，满意化者则止步于满足最低标准；最优化者多纠结于自卑与超越，满意化者易懈怠于故步自封。我愿意做一个追求最优的满意化投资者。

投资之道，始于惊奇，行于革新，终于热爱。

个人简介

陈恒，华商医药医疗行业股票型基金基金经理，华商新动力灵活配置混合型基金基金经理。工学、经济学双学士，12.2 年证券从业经历。曾任汇源集团研发员，天相投资顾问有限公司行业研究组组长，东兴证券股份有限公司研究总监，2014 年 5 月加入华商基金管理有限公司。

风险提示

以上观点不代表任何投资建议，市场有风险，基金投资需谨慎。

基金管理知易行难 唯知行合一

（华商基金 胡中原）

何谓成功的基金管理？

在我的认知里，公募基金行业是受人委托、代人理财的行业，所以基金管理人必须把持有人利益放在第一位。基金经理作为主管基金投资的舵手，要时刻铭记持有人的根本利益，一切投资操作都要谨慎小心，努力为持有人创造稳健的投资收益。我自己的投资理念"追求稳健投资、控制回撤、为持有人创造稳定回报"亦是在这个方向上的持续深耕。

然基金管理知易行难。资本市场充斥着波动、爆炸的信息，无章的数据以及对于人性的演绎，成功的投资不但要理解市场、理解人性，更要有长远的眼界、持续深入的学习和不断的总结和思考。在投资过程中，我们的每一个投资决策都会得到及时的市场反馈，正确的决策带来收益，错误的决策带来损失，所以在投资过程中必须不断自我反思，努力寻找匹配市场节奏的投资决策，对错误的决策及时止损。同时，资本市场的信息每天都在"大爆炸"，这也需要我们花费大量的时间和精力分析市场信息和判断市场，这是一项需要体力和专注度的工作，唯有努力才能做好。

作为一名主攻债券市场的基金经理，我认为对于债券的选择必须匹配产品的属性，收益并非唯一的目标，债券的流动性、信用风险等也必须考虑。

在日常的债券基金管理过程中，我通常保持中性稳健的债券投资策略，通过骑乘策略和波段操作适当增厚收益；信用风险管理方面，谨慎下沉信用资质，投资以中高评级信用债和利率债为主；不极端拉长债券久期，注意规避利率大幅波动带来的净值回撤风险；流动性管理是开放式债券基金必须考虑的一个核心因素，在投资过程中一定要考虑持有人在特定时点的流动性需求，安排合适比例的高流动性债券，多方面满足产品的申赎需求。

而于普通大众的投资之道，我的建议是"不要盲目跟风，坚定走适合自己的投资之路"。

我自己的经验是按照不同的用途对资金进行划分归类：对于近期有明确使用安排的资金，要尽量避免投资风险较高的产品，选择时要多关注流动性；对于长期闲置的资金，可依据自身风险承受能力，选择适配的权益类品种长期投资；对于用于养老等厌恶风险的闲置资金，不妨参与波动性相对较低的债券型基金进行投资。

个人简介

胡中原，华商鸿盈 87 个月定期开放债券基金基金经理，华商鸿畅 39 个月定期开放利率债债券基金基金经理，华商鸿益一年定期开放债券基金基金经理，华商润丰灵活配置混合型基金基金经理，华商元亨灵活配置混合型基金基金经理，华商双翼平衡混合基金基金经理，华商瑞丰短债债券型基金基金经理，华商现金增利货币市场基金基金经理。工程硕士，6.2 年证券从业经历。2014 年 7 月加入华商基金管理有限公司。

风险提示

以上观点不代表任何投资建议，市场有风险，基金投资需谨慎。

智慧拥抱"头部"公司

（华商基金　王毅文）

当 A 股市场遇上"黑天鹅"事件，是积极规避，还是主动寻取弥补之法？在躁动的市场里，专业的投资者应当永远保持一份独立和清醒，"黑天鹅"事件的出现，有时反倒是买入好公司基金的合适机会，未必需要畏惧和远离。

2020 年年初，突如其来的新冠肺炎疫情打乱了经济和资本市场原有的节奏，春节假期后第一个交易日市场出现恐慌性下跌，很多股票不论基本面好坏一律跌停。然而短短几个月后回头来看，其实很多公司尤其是好赛道上的"龙头"都创出了历史新高。

我国证券市场拥有远大的发展空间和美好前景，随着国家经济从地产、基建驱动向科技创新驱动转型，直接融资将取代间接融资成为金融服务实体的主要渠道，证券市场的作用将越来越重要。那么，坚持独立判断、坚持长期持有优质公司、忽略短期波动无疑是获取证券市场超额收益的好方式。

我的投资策略框架体系也由此而来：聚焦符合社会、经济发展趋势的产业，从这些产业中筛选出优质的"头部"公司，在合理的价格区间买入并长期持有，进而获取公司成长的价值。

至于如何甄选一家优质的"头部"公司，我的策略是：首先，观察公司所处的行业是否符合经济发展的大方向，逆产业趋势是很难成功的；其次，专注分析公司的产业格局和公司的竞争力，好的产业格局和具备强竞争力是一家公司能够获得产业链上合理/超额利润分配的必要条件；最后，关注公司的治理分析，因为好的管理层和规范的公司治理往往是获得超额收益和规避风险的基本保障。

当然，一家公司的核心竞争力是人，包括但不限于团队的战略眼光、执行力、管理能力等，这需要我们多下功夫进行综合判断决策。

多年的证券研究及投资经历使我对中国公募基金行业的发展前景无比坚定，基金行业是证券市场的核心构成部分，是证券市场发挥直接融资、金融服务实体功能过程中的关键一环，发挥着资源配置、风险管理的重要作用。尤其在坚守信托理念、发挥专业投资优势、保护投资者根本权益等方面，基金行业更是树立了良好的标杆典范。

展望未来，随着制度改革的推进和投资者结构的多元化，我国的证券市场将越来越规范和成熟，未来将是机构投资的时代，在这里也建议广大的个人投资者在进行证券投资时，不妨做一些"长期的安排"和"找专业的投资人士帮忙"，通过购买基金等方式将资金委托给有实力的专业机构进行投资。

个人简介

王毅文，华商策略精选灵活配置混合型基金基金经理。经济学硕士，7.6年证券从业经历。2013年2月加入华商基金管理有限公司。

风险提示

以上观点不代表任何投资建议，市场有风险，基金投资需谨慎。

附　录

附录 A

中国公募基金行业：忠诚与信任的财富沃土

2008 年，一场悄然爆发的全球金融危机，为推动亚洲发展中国家深化经济改革、调整产业结构、健全宏观管理提供了一个契机，更为中国人的财富管理、风险控制观念埋下了种子。在这样的背景和契机之下，中国公募基金业横空出世，规范起步，毅然肩负起普惠金融的伟大使命，开启了砥砺前行、锐意进取的奋斗历程。

光阴荏苒，中国公募基金以昂首阔步的姿态走过了欧美发达市场几十年甚至上百年走过的路程，如今的公募基金已经成为资本市场十分重要和专业的机构投资者之一，成为社会公众分享资本市场成长红利、实现财富长期保值增值的重要方式，成为支持金融改革开放、服务养老金第三支柱、引导中长期资金进入资本市场、促进资本市场平稳健康发展的坚实力量，显示出旺盛的生命力。

站在新一轮的发展起点上，我们欣喜地看到，公募基金的顶层设计在不断加快，行业间多元化与国际化的趋势步伐不断加快，全民财富的积累与投融需求增速不断加快，这些都为公募基金创造了长期健康稳定的成长空间，提供了难得的发展机遇。

截至 2020 年 6 月 30 日，我国公募基金发展令世界瞩目，基金产品突破 7197 只（其中封闭式基金 975 只，开放式基金 6222 只），基金规模 16.90 万亿元（其中封闭式基金约 1.90 万亿元，开放式基金约 15 万亿元），具体见表 A-1。

表 A-1　我国公募基金发展规模

类别	封闭式基金	开放式基金					合计
		股票型基金	混合型基金	货币型基金	债券型基金	QDII 基金	
数量(只)	975	1262	2848	335	1615	162	7197
份额(亿份)	18 835.43	15 382.81	26 728.89	75 731.73	28 624.19	1 079.12	151 883.17
净值(亿元)	18 835.43	15 382.81	26 728.89	75 731.73	31 180.46	1 184.61	169 043.92

注：数据来源于中国证券投资基金业协会（数据截止日期：2020 年 6 月 30 日）。

占股市总市值 5.05%！公募基金成为重要机构投资者

截至 2020 年 6 月 30 日，沪深 A 股总市值 62.80 万亿元，流通市值 51.66 万亿元，自由流通市值 29.27 万亿元，公募基金持有的 3.16 万亿元 A 股市值，占总市值比例是 5.03%，占流通市值比例是 6.12%，占自由流通市值比例是 10.80%，如图 A-1 所示。

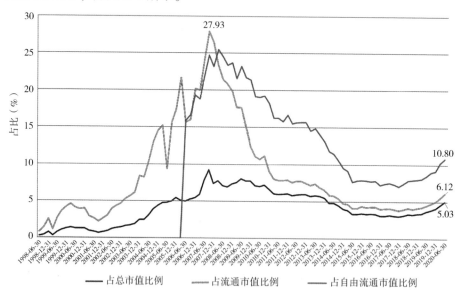

图 A-1　基金持有沪深 A 股市值占沪深 A 股总市值、流通市值、自由流通市值的比例
　　注：数据来源于中国银河证券基金研究中心（数据截止日期：2020 年 6 月 30 日）。

偏股型基金近 15 年业绩超过 738%！公募基金执着为持有人提供长期业绩

公募基金长期业绩表现见表 A-2。

附录

表 A-2 公募基金长期业绩表现

基金业绩指数名称	期间收益率(%)				期间年化收益率(%)			
	过去15年(2005年7月1日—2020年6月30日)	过去10年(2010年7月1日—2020年6月30日)	过去7年(2013年7月1日—2020年6月30日)	过去5年(2015年7月1日—2020年6月30日)	过去3年(2017年7月1日—2020年6月30日)	过去15年(2005年7月1日—2020年6月30日)	过去10年(2010年7月1日—2020年6月30日)	过去7年(2013年7月1日—2020年6月30日)	过去5年(2015年7月1日—2020年6月30日)	过去3年(2017年7月1日—2020年6月30日)
标准股票型基金（A类）业绩指数	—	—	156.31	27.36	42.58	—	—	14.38	4.95	12.54
偏股型基金（股票上下限60%～95%）（A类）业绩指数	—	191.04	177.79	29.24	50.16	—	11.26	15.70	5.26	14.50
普通偏股型基金（A类）业绩指数	738.45	141.42	134.74	21.91	43.33	15.22	9.21	12.95	4.04	12.74
灵活配置型基金（股票上下限30%～80%）（A类）业绩指数	—	186.11	165.16	29.36	44.95	—	11.07	14.94	5.28	13.16
普通债券型基金（可转债）（A类）业绩指数	168.77	69.18	47.42	19.97	13.36	6.81	5.39	5.70	3.70	4.26
普通债券型基金（二级）（A类）业绩指数	—	74.84	56.10	18.37	14.50	—	5.74	6.56	3.43	4.61
长期纯债券型基金（A类）业绩指数	—	—	39.27	23.14	13.88	—	—	4.84	4.25	4.42

注：数据来源于中国银河证券基金研究中心（数据截止日期：2020年6月30日）。

以上观点不代表投资建议，基金的过往业绩及其净值高低并不预示其未来业绩表现，市场有风险，基金投资需谨慎。

附录 B

华商基金：15 载风雨同舟　为信任绽露芬芳

华商基金成立于 2005 年 12 月 20 日，注册资本 1 亿元人民币，是一家经中国证监会批准设立、为客户提供专业理财服务的资产管理机构。

成立 15 年来，华商基金以"成为值得信赖、受人尊敬的资产管理公司"为愿景，秉承"诚为本，智慧创造财富"的发展理念，坚守"优化资源配置，助力企业成长，为投资者创造财富"的使命，在普惠金融的发展探索中寻找不断进步的动力。

从努力完善公募产品线、力争为持有人获取长期持续业绩到公司内部控制持续通过 ISAE3402 国际认证，从成为亚洲金融合作协会创始会员到加入"中国养老金融 50 人论坛"，从提供便捷高效的网站交易、App 交易、微信交易服务到积极拓展第三方销售渠道、展开互联网理财业务全面合作，从构建"金海螺"个人基金理财服务平台到组织成立"华商人爱心基金"践行社会责任，从四夺"金牛基金管理公司"大奖到多年来连续获得 30 座金牛奖、25 座明星基金奖和 22 座金基金奖，华商基金在投资研究、风险控制、市场开拓、品牌服务、社会责任等诸多领域稳扎稳打，取得了令人欣慰的进步、成绩和荣誉，在中国资产管理行业中扎下了茂盛的根系。15 年的殚精竭虑、兢兢业业，换来了持有人对华商基金的信赖与忠诚。

华商基金深知责任重大，对持有人始终心怀谦卑和敬畏，对资产管理事业始终保持高度责任感和进取之心。作为普惠金融事业的践行者，华商基金未来也将继续坚定不移地推动资产管理业务回归本源，发展多层次、多元化、互补型的投资工具，全面、主动发挥机构投资者的功能价值，努力践行长期投资和价值投资理念，积极服务实体经济，将防控风险放在更加重要的位置，执着提升持有人投资体验。

华商基金矢志与改革开放的时代并肩同行，并始终遵从内心的价值取向。在中国财富高速增长的鼎盛时期，相信公募基金会在现有的基础上激发出更大的活力，展现出更广阔的发展前景。

本文所提金牛奖为中国证券报评选、金基金奖为上海证券报评选、明星基金奖为证券时报评选；公司内部控制2014—2017年持续通过ISAE3402国际认证。以上观点不代表投资建议，基金的过往业绩及其净值高低并不预示其未来业绩表现，市场有风险，基金投资需谨慎。

后　记

与广大持有人共同成长

回首公募峥嵘岁月，不仅是华商基金等基金管理人砥砺前行的奋斗史，也是基金持有人走向成熟的成长史，这是华商基金与基金持有人共同拥有的成长岁月。多年来，伴随基金产品和服务的不断丰富和完善，以及对基金投资认识和体验的不断深入，基金持有人的投资理念也在不断升华，并逐渐掌握基金理财的精髓。

作为专业的资产管理机构，华商基金深感责任重大，帮助投资者从认识基金、投资基金到掌握基金是我们应尽的义务。我们回报持有人的不仅是优质的产品、持续的业绩和满意的服务，同样还包含基金知识和基金技能的普及和提高。只有投资者和基金市场共同进步，中国基金业才能长久保持健康稳定的发展。

多年来，华商基金一直扎实深耕投资者教育领域。连续多年举办感恩持有人活动，共同交流和分享基金投资理念和基金投资规划。截至目前，华商基金通过持有人投资者教育活动已征得近百篇优秀持有人来稿。在拥有大量优质、专业、真实、真诚的持有人投稿基础之上，华商基金精选稿件编撰成书；同时，华商基金旗下优秀基金经理的投资智慧、经验总结、资管笔记、研究感悟也记录在此书中。

我们期望通过这本汇聚了华商基金投研团队和持有人共同智慧和感悟的书籍，能够帮助广大基金投资者在不断变化的投资市场中，保持长期理性的判断和决策，真正享受基金理财的乐趣与成就感。

华商基金也将继续把握中国经济结构调整和产业升级的新时代机遇，恪守使命，砥砺前行，以诚相待，以信相守。我们将以 15 载的经验积累，以防范和控制风险为立身之本，以更加专业的投资和研究能力为核心竞争力，怀着敬畏和感恩的心努力做好业绩，持续回报持有人多年以来对华商基金的坚守与信任。

在本书编写过程中，得到了各方的大力支持与协助，在此一并表示感谢！华商基金愿在基金投资者教育领域不断努力，继续奉献自己的一份心力。

王小刚
华商基金管理有限公司总经理

以上观点不代表投资建议，市场有风险，基金投资需谨慎。